Artificial Intelligence for
Fashion:
How AI is Revolutionizing
the Fashion Industry

时尚业中的人工智能

Apress®

Artificial Intelligence for
Fashion:
How AI is Revolutionizing
the Fashion Industry

时尚业中的
人工智能

人工智能如何彻底
改变时尚业

[美] 利安娜·卢斯　著
（LEANNE LUCE）

熊　兴　译

经济管理出版社
ECONOMY & MANAGEMENT PUBLISHING HOUSE

北京市版权局著作权合同登记：图字：01－2019－8122

First Published in English under the title
Artificial Intelligence for Fashion：How AI is Revolutionizing the Fashion Industry by Leanne Luce
Copyright © Leanne Luce，2019
This edition has been translated and published under licence from APress Media，LLC，part of Springer Nature.

Chinese Translation (Simplified Characters) Copyright © 2021 by Economy & Management Publishing House
All rights reserved.

图书在版编目（CIP）数据

时尚业中的人工智能：人工智能如何彻底改变时尚业/（美）利安娜·卢斯（Leanne Luce）著；熊兴译. —北京：经济管理出版社，2021.2
书名原文：Artificial Intelligence for Fashion：How AI is Revolutionizing the Fashion Industry
ISBN 978－7－5096－7833－6

Ⅰ.①时… Ⅱ.①利…②熊… Ⅲ.①人工智能—应用—服装工业—研究 Ⅳ.①F407.86－39

中国版本图书馆 CIP 数据核字（2021）第 047346 号

组稿编辑：梁植睿
责任编辑：梁植睿
责任印制：黄章平
责任校对：王淑卿

出版发行：经济管理出版社
（北京市海淀区北蜂窝 8 号中雅大厦 A 座 11 层　100038）
网　　址：www. E－mp. com. cn
电　　话：(010) 51915602
印　　刷：唐山玺诚印务有限公司
经　　销：新华书店
开　　本：720mm×1000mm/16
印　　张：13.5
字　　数：175 千字
版　　次：2021 年 2 月第 1 版　　2021 年 2 月第 1 次印刷
书　　号：ISBN 978－7－5096－7833－6
定　　价：68.00 元

本书献给那些打破常规、拒绝成为完全顺应社会角色的所有女性。

特别献给出现在我生命中榜样般的女强人：伊夫琳（Evelyn）、芭芭拉（Barbara）、梅雷迪思（Meredith）和珍妮特（Jeanette），是她们成就了现在的我。

关于作者

利安娜·卢斯（Leanne Luce）毕业于罗德岛设计学院（Rhode Island School of Design，RISD）。她具有时尚行业的工作背景，并且曾在哈佛大学的怀斯研究所（Wyss Institute）和位于旧金山的Otherlab研究设计实验室从事军用机器人外骨骼和软体产品方面的工作。

利安娜还是"时尚机器人"（The Fashion Robot）博客的编辑，该博客已获得 *Vogue* 和 *Glossy* 等时尚出版物的认可。她目前在 Google 担任产品经理。

致　谢

我最想要感谢的是我的伴侣威尔（Will）。如果没有他的不断支持、鼓励和理解，我有时候甚至觉得完成这本书对我来说是一件不可能的事。他对软件和创造力的共享热情鼓舞并激励着我。我对他的感激和爱意无法用言语表达。

感谢所有在本书撰写过程中分享知识并给予支持和鼓励的朋友和同事，包括汤姆·布朗（Tom Brown）、丹·科克姆（Dan Corkum）、姜子玮（Ziwei Jiang）（音译）、迈克尔·鲁宾（Michael Rubin）和卡弗·威尔科克斯（Carver Wilcox）。

同样感谢帕拉尼斯瓦米·拉詹（Palaniswamy Rajan）、玛丽·奥克（Mary Ouk）和亚当·布亨格尔（Adam Bouhenguel）在本书的部分内容中所提供的专业知识。特别感谢亚当（Adam）的耐心、建议和友谊。

序　言

本书不会深入探讨个人自传，但对于不从事技术行业工作的读者，我想分享一下有关我是如何进入这个行业的曲折故事。

我一开始并没有立志要从事技术领域的工作，所以最先开启的是自己的时装设计师生涯，但这也不是偶然的。从事时尚领域工作时，产品的制作方法和产地总能引起我的兴趣。我不太关心当季什么新品或什么人最"酷"，除非它或他（她）能够帮助我解决问题。说实话，我对时尚业的运作方式感到沮丧。因此当我认为服装设计领域根本不适合我，并且下决心要离开这个行业时，我周围的人似乎并不感到奇怪。

我在早期寻找能让自己施展才能的创新技术工作时，接触了哈佛大学怀斯研究所（Wyss Institute）的一个团队，该团队正在研究构建可穿戴的柔性机器人外骨骼，该项目的名称为外骨骼机器护甲。在这个项目运行中许多的应用建议被提了出来，从军事领域到医疗方面的中风康复都有涉及。一开始我并没有参与到该项目最精彩的部分。最初只是"缝制"模型，然后进入开发过程的其他部分：观察用户测试、提出改进建议。虽然当时我并没有对"缝制"这件事本身感到特别兴奋，但我对通过制造可穿戴设备来帮助人们行走从而改变人们生活这一结果和意义感到振奋。

在怀斯研究所工作后不久，我搬到了旧金山，开始在 Otherlab 研究设计实验室从事类似项目的工作。我对用来制造成衣套装的技术以及如何将其中一些技术用于改善时尚行业的流程和产品产生了兴趣。最终我离开了机器人技术领域并创建了一家公司，开发了一种可以用来制作定制文胸的自动技术。

然而公司在一年之内便草草终止了，我开始反思为什么会失败。我的想法是构建一个软件系统来采纳用户的测量数据并将指令发送到机器，而机器可以在最少的人工干预下制造出服装成品。但是当时我缺少许多关于如何构建该软件的高层面的信息。

改变

在为下一个职业发展探索各种可能时，我开始写作。我编写了许多篇技术类的文章，并开始列出在时尚领域有运行经验的软件和技术公司名单。写作还为我与在这一领域工作的人们提供了交谈机会，了解他们为了工作都做了些什么以及个人的感受和经历。为了决定下一步要做什么，我开始向朋友们征求意见，但其中有一条建议困扰着我："编程已经变得越来越重要。"我住在湾区，学习编程这件事并没有给我带来什么机遇，但是后知后觉，所有证据都表明学习编程这个决定是正确的。我认为对时尚影响最大的公司几乎全都是软件公司。在我看来，掌握了编程技能几乎就可以拓展我接下来可以从事的任何工作，包括曾经尝试创建的公司。

我决定学习写代码，但从来没有动过成为最伟大的工程师之类的念头，我只想尽可能地获取更多有用的知识。一旦我决定要学习写代码，我就需要付出很多时间和精力才可以让自己达到想要的高度。一开始，我没有意识到"软件"一词会拓展到一个非常广阔的技术领域，并且在某些领域分支可能会需要我学习代码之外的不同技能。作为局外人，当时我无法想象这个行业内彼此间的细微差别，它们离我仿佛有十万八千里般遥远。我质疑着我的才智、理解能力甚至于我自己。

再次失败

我向朋友们咨询关于如何学习编程的经验和建议，其中许多人推荐了麻省理工学院（MIT）网络公开课上的计算机科学与编程入门课程。在六个月的时间里我反反复复尝试去上课三次，然后不得不承认这可能真的不是我想要的。很多人在此过程中对我表示了质疑，即使是我最爱也最支持我的人都开始劝阻我。他们说我无法通过这门课，其实就意味着我对它没那么感兴趣。在很多方面，这次失败经历都深深烙在我心上。

我无法完成该课程的最大原因之一是，我不清楚我到底会从中掌握什么技能。我看不到我所学的成果，而作为一个视觉化型的人，看到学习成果是我所需要的结果。我以为完成这门课程能帮助我对编程形成大概的了解。

寻找入口

我探索着进入软件和编程世界的另一种入口，即一个可以让我立即看到所学成果的入口。我从基本的 HTML 和 CSS 开始着手，并发现这就是切入点，后来我才知道这被称为前端网络开发。虽然这一切在如今看来似乎很明显，但当时并非如此，我有过一段非常艰难的尝试去理解的时间。

随着时间的推移，这种理解的障碍不断缩短，而克服障碍变得越来越容易。世界上并没有什么神奇的解决方案，只有毅力。找到这个切入点是我经历中最重要的事情。这个切入点虽然只是让我对编程有了一个初步的了解，但是也给了我一个开始提出问题并深入学习"软件"这种大型生态系统的场所。学习 HTML 和 CSS 之后，我继续学习了 Javas-cript 和 Python 的一些相关知识。学习使我能够更加全面地思考软件问题，并进一步拓展自己的想法。虽然我从没打算当软件工程师，但对我来说，学习编码是成为 Google 产品经理的关键一步。

学习人工智能（AI）

当我开始学习人工智能时，面临着同样的挑战。人工智能中的主题是我尚未理解的复杂概念。这次问题变得更加复杂，因为它基于一些我所没有的基础信息。

可用于学习人工智能的资源通常限于两种极端情况：

（1）技术文献着重于数学和实现层面，过于深入到方程式中，以至于没有足够的信息可以从高层面上理解。

（2）营销和商业资源给出很多使用人工智能的理由，但却几乎没有解释它是什么或者它是如何工作的，没有提供可以让人理解的足够信息。

希望得到的指引

学习人工智能的经历非常令人沮丧。在写这本书时，我着手创建一种资源，以消除其他好奇者（特别是在时尚产业工作的人们）的那种挫败感。这本书旨在帮助人们找到切入点，并获得我在自己的研究中所寻求的深层次的理解。这是我在学习时希望得到的那种指引。尽管本书着重针对时尚行业，但我相信本书的内容对于刚开始学习人工智能的任何人而言都值得阅读。时尚业中使用的案例也广泛应用于其他行业。

本书的内容只回答了一些基本的问题，帮你打开人工智能世界的大门。这本书仅仅是个开始，后续会有更多的东西需要学习。

目　录

第一篇　导　论

第二篇 购物和产品发现

第三篇　销　售

第四篇　设　计

第五篇　供应链

第六篇　未　来

引　言

人工智能（Artificial Intelligence，AI）正在成为各个行业开展业务的一部分。时尚业也不例外，从产品发现到机器人制造，人工智能几乎已进入时尚价值链的每个环节。本书的目的不仅在于告诉企业和品牌商如何将人工智能纳入其日常实践中，而且还帮助读者将人工智能加入自己的工具箱，为自己所用。

关于本书

人工智能是一个覆盖范围非常广的领域。本书并非试图涵盖所有主题，而是为理解提供基础。

本书的结构从对人工智能进行简要介绍开始。简介之后则分为多个部分，包括从面向消费者的产品到制造过程等内容。为了说明这些应用程序的背景知识，每一章都会介绍顾客或行业的难点，并探讨有关时尚公司如何使用人工智能解决这些难点问题的现实示例。

每章都将对基于行业的主要应用进行说明，对关键技术概念进行讲解，并且都揭示了有关人工智能内部工作的更多内容，具有累积性。

通过本书的各个部分，你将几乎遍历时尚业务的各个部门，并了解如何在每个部门中以独特的方式使用人工智能。就像企业开始使用计算机时一样，使用人工智能也有一些相似之处。最初，人们认为计算机只会在数学系中使用，但如今它们无处不在。你几乎无法想到一个领域是不曾使用计算机的。同样，你也可能会假设人工智能仅在某些行业中使用，但它在各个行业中普遍存在。

本书尽可能直观地对人工智能方面的知识进行论述，以对人工智能关键概念的解释为切入点，并对理解这些关键概念所需的技术术语进行分解描述。

关于读者

这本书的写作以让任何阅读它的人都能理解为目的。本书不适合那些试图在编码或学习新技术方面变得更好的工程师。书中没有方程、算法或代码。从技术角度来看，本书中所讨论的主题已大大简化。由于如何去适应人工智能这件事影响着公司里的每一个人，不仅公司的一个部门或技术人员应该阅读本书，从设计师到公司高管，每个部门的经理和员工都可以学习如何在各自的专业知识中追加实施新科技以改善工作流程。本书为以下目标受众而写作：

- **时尚业的专业人士**：没有软件或编码方面经验，但是对技术如何改变时尚业充满好奇和兴趣。

- **高管和经理**：时尚品牌技术实现的决策者。

- **企业家**：寻求为时尚业创造技术。

- **学生**：考虑未来在时尚和技术领域求职。

第一篇

导　论

第 1 章

人工智能基础

时尚不仅提供了功能性目的，而且还抓住了人类神秘莫测的一面。时尚表达并唤起了人类的情感和创造力。我们的外表，有时甚至是我们的感觉都与这个行业息息相关。时尚一直是具有前瞻性的，并会随着新技术的出现而发展。人工智能也不例外，它的发展速度与时尚一样快。

人工智能是计算机科学的一个领域，着眼于人类智慧背后的逻辑。该领域寻求各种方法来理解我们的想法并在机器中重新创建这种智能过程。由于这种自然特质，人工智能得以拓展到人类活动中，从而以不同的方式与各个行业产生关联。

时尚与人工智能的交汇具有丰富而广阔的空间，但人们对它的探索才刚刚开始。随着人工智能的不断发展，不懂技术的人工智能爱好者将越来越难以理解它。这个关于人工智能理解的挑战阻碍了人工智能技术在该领域中的发展。

本章简要介绍了人工智能的基本概念，为理解其在时尚产业中的应用提供了基础。本书的其余部分则对这些观点以及其他内容进行了拓展。

为什么人工智能如此重要？

在麦肯锡公司（McKinsey & Company）和《时装商业评论》（*The*

Business of Fashion）共同发布的《2018 年时尚情况》 （The State of Fashion 2018）报告中，有75％的零售商计划在2018 年和2019 年投资人工智能领域，这正在改变时尚业在整个领域开展业务的方式。而提供定制体验和更精准的流行趋势预测只是开始。

当前，60％现有职业中多达 30％的任务可以实现自动化。当然，实施其中的一些自动化措施并重新培训现有的劳动力仍然需要时间。在这种自动化比率中，毫无疑问，人工智能将大大影响我们的工作方式。

什么是人工智能?

人工智能已经成为一个令人困惑的术语。机器学习、深度学习和人工智能是经常可互换使用的术语，这可能让人们产生一个疑问，它们之间到底有什么区别？

机器学习是实现人工智能的一种方式。1959 年，亚瑟·塞缪尔（Arthur Samuel）将其定义为"无须明确编程即可学习的能力"。通常，这是通过"训练"完成的。**深度学习**是机器学习的一种方法，通常涉及大型神经网络。图1.1 展示了人工智能、机器学习和深度学习之间的关系。

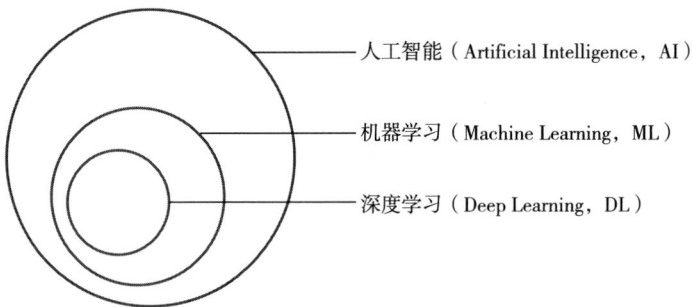

人工智能（Artificial Intelligence，AI）

机器学习（Machine Learning，ML）

深度学习（Deep Learning，DL）

图 1.1　人工智能、机器学习和深度学习之间的关系

机器学习

机器学习构成了当今在商业中应用的人工智能的很大一部分。机器学习的目标是使流程自动化,以减少人类的工作量,并发现人类无法自行解释的复杂模式。

这里给出一个并不完美的比喻,但是你可以通过这种想法对机器学习加以理解:机器学习就像是缝纫机缝制衣服那样进行编程。在缝纫机问世之前,每一针都是手工缝制的。一旦引入了缝纫机,因为并非每个针迹都由人工处理,所以缝纫变得更快。通过机器学习,我们可以构建处理更多事情的复杂程序,而不必人工编写处理每个细节。然而就像衣服的接缝无法自行缝合,需要人工干预一样,机器学习仍然需要人的介入才能正常工作。

在机器学习中,机器用于识别数据中的模式并经常预测不存在的数据值,这些数据通常与未来发生的事件相关。机器学习包含许多从数据中学习到的方法,并且构成了当今人工智能领域研究的很大一部分。

什么是智能?

智能的真正标志不是知识而是想象力。

——艾尔伯特·爱因斯坦(Albert Einstein)

虽然我们凭直觉知道什么是智能,但事实证明,很难对其进行概括或正式定义。关于到底是什么使人类变得聪明,现阶段有许多理论和定义。几个世纪以来,哲学家一直在争论该如何测量智力。

沙恩·莱格(Shane Legg)和马库斯·赫特(Marcus Hutter)在一篇名为《智能定义集》(*A Collection of Definitions of Intelligence*)的论文

中收集了 70 多位专家关于智能的定义。为了得出一个单一定义，他们提出了这样一个定义：

智能是衡量一个人在各种不同环境中实现目标的能力。

在人工智能中，系统通常被设计为模仿人类的思维行为。研究人员将人类的思维视为智能模型。在机器中重建人类智能的最初目标是要教机器去实现许多复杂的功能。推理、解决问题、记忆恢复、计划、学习、处理自然语言、感知、操纵、社交智慧和创造力都是实现此目标的一部分。

图灵测试

我们如何知道机器是否智能？**图灵测试**（Turing Test，TT）由艾伦·图灵（Alan Turing）于 1950 年提出，它是智能机器的首批测试之一。测试机器的行为举止能否像人一样实属不易。为了通过测试，人们需要向机器提问。如果提问者无法区分回答是来自人类还是来自机器，则该机器通过测试。

在过去的 40 年中，图灵测试一次又一次出现在科幻电影中。《机械姬》（*Ex Machina*）和《银翼杀手》（*Blade Runner*）就是其中两个例子。这是许多用来检测"我们成功了吗"方式的其中一种。

机器如何学习

建立心理联系是我们最关键的学习工具，也是人类智慧的精髓。去建立联系，去超越给予，去观察模式、关系和背景。

——玛丽莲·弗格森（Marilyn Ferguson），作家

了解人类的行为是非常复杂的，因为人类并不总是理性或合乎逻辑

地行事。我们可以通过搜索模式来提高机器预测人类行为的能力。这些模式有助于发现和定义趋势。通过分析这些趋势并使用算法对其建模，机器可以模仿人类对某些输入信息的反应。然后，当在现实环境中遇到这些输入时，它们将能够做出相应的反应。

什么是学习？

如果可以简化人类的学习过程，我们可能会说：人类从环境中获取信息并将其与事物联系起来，然后去学习或者行动。这些信息可能是他们看到、闻到、尝到、听到、感觉到的东西，甚至是他们对心情或语气的解读。该信息与一个人对世界的先验知识建立了联系。这样人类就可以根据自己的新知识行事、探索或创新。图 1.2 展示了此过程。

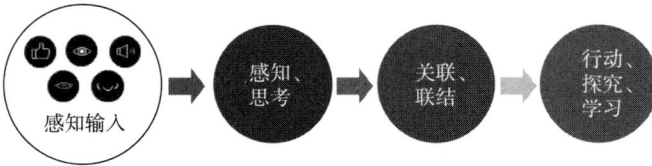

图 1.2 人类是如何学习的

机器以数据形式输入，并解释该数据而且从中学习。然后机器会评估该数据并输出对人类有用的信息。这是预测阶段，如图 1.3 所示。

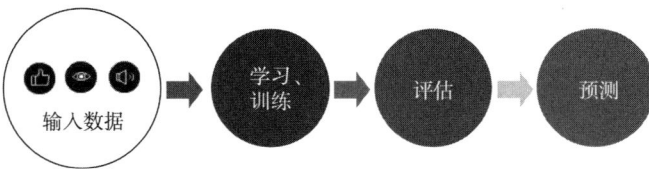

图 1.3 机器是如何学习的

数据从哪里来？机器正在通过**硬件**输入和**软件**程序来收集数据。你可以将硬件视为主体，将软件视为机器的大脑思维。硬件处理**机器感知**领域，软件解决**机器语言**和人类语言的概念。

机器感知

机器可以通过**传感器**用视觉、感觉和听觉来感知环境。传感器是机器硬件系统的一部分。它们测量诸如温度、压力、力、加速度、声音和光等物理事件。

实际上，你的手机几乎可以测量所有这些东西。手机通过称为**微机电系统**（Microelectromechanical Systems，MEMS）的小型电子设备进行感应。麦克风、摄像机、**惯性测量器**（Inertial Measurement Units，IMU，有助于跟踪位置）和**接近传感器**都是微机电系统的示例。这些传感器还可以在各种物联网（Internet of Things，IoT）设备中找到。

通过与这些传感器协作，机器上的软件系统可以执行诸如分辨手机上下颠倒还是右侧颠倒、测量人体运动、检测识别人脸和声音等操作。

语言

人工语言对于交流至关重要。我们用多种方式将单词和短语组合在一起以表达想法和情感。机器使用机器语言来定义模型和参数。人的语言和机器知觉都以数据形式提供输入，供机器学习使用。

机器语言和人类语言之间存在重要区别。机器语言是用代码编写的。最初此代码只是一系列的 0 和 1，或二进制。0 和 1 的不同组合将不同的信息编码到机器。随着时间的推移，人类已经创建了在人类语言和机器语言之间进行交互的编程语言，从而使编码工作变得更加容易。

当机器输出的信息可以被人们理解和翻译时是最有价值的，这使人类语言可以成为被机器所理解的有用概念。

人工智能主题

计算机的作用不是取代人类的创造力，而是将其放大。

——雷·库兹韦尔（Ray Kurzweil），《智能机器的时代》（*The Age of Intelligent Machines*）作者

今天，成功应用 AI 的关键是了解应该使用哪些技术来解决特定的问题。当前，没有任何一种算法可以在时尚产业的各个方面提供价值。术语"人工智能"作为总体类别可能会造成混淆，因为它使人们相信人工智能是可以解决任何问题的神秘"黑匣子"。但实际上它只是由几个应用程序领域的工具和技术组成。如果能对该领域更广泛的类别和更具体的子类别有一些了解的话，我们就可以知道它们是如何结合在一起的。

本书所讨论的应用领域包括：

- 自然语言处理（Natural Language Processing，NLP）
- 计算机视觉（Computer Vision，CV）
- 预测分析（Predictive Analytics）
- 机器人技术（Robotics）

一些常用的工具和技术包括：

- 神经网络（Neural Networks）
- 生成对抗网络（Generative Adversarial Networks，GAN）
- 数据挖掘（Data Mining）

本书并未涵盖人工智能领域的所有主题。由于类别经常重叠，在你阅读本书的过程中会慢慢积累更多的信息。后面的章节可能会基于前面章节进行解释。

应用领域

"应用领域"是指可以应用机器学习工具和技术的特定领域。自然语言处理、计算机视觉、预测分析和机器人技术可能会使用某些相同的技术（例如神经网络）来解决不同类型的问题，这些应用领域可以进一步拓展到工业。

自然语言处理

机器语言和人类语言在**自然语言处理**（NLP）中交汇。自然语言处理技术是计算机理解人类语言的一种方式。我们每天在网上的交互（在社交媒体上发布的内容、编写的文本消息等）都在促进海量数据的增长。其中，估计每天创建的2.5兆字节数据中的80%是**非结构化数据**。它以自由形式编写，没有条理、难以解析。我们可以使用自然语言处理技术来理解这些非结构化数据的内容和上下文，从而解锁关于自己的丰富信息宝库。

自然语言处理技术被应用到多个产品类别中，包括会话购物、人工智能顾客服务聊天机器人、虚拟助手和造型师。

计算机视觉

计算机视觉（CV）用于处理和分析图像和视频。计算机视觉使我们可能将人类视觉系统及其他相关联的任务自动化。尽管计算机视觉是一个独立的领域，但人工智能在最近的进展中起到了重要作用。计算机视觉常用于时尚应用中，因为时尚行业非常注重视觉化效果。

在时尚行业中，计算机视觉正用于视觉搜索、智能镜、社交购物、趋势预测、虚拟现实和增强现实等技术中。

预测分析

通过人工智能可以比行业内部人士更快地识别即将到来的流行趋势，从而强化设计过程。

——艾福瑞·贝克（Avery Baker），汤米·希尔费格（Tommy Hil-figer）首席品牌官

预测分析可以使用多种方法，这些方法都使用历史信息来预测将来要发生的事件。它们的复杂程度也各不相同，包括数据挖掘、基本统计信息和机器学习。

在本书中，预测分析在另外两个领域中均有提及：推荐系统和需求预测。

推荐系统是预测分析的一部分。它们试图了解用户或顾客的行为，并推荐用户可能喜欢或购买的产品或服务。在电子商务中，推荐系统对产品发现起着至关重要的作用。你可以在任何地方找到它们，从时尚零售网站到订阅框服务中的幕后花絮。你还会在其他领域注意到它们，包括 Netflix 或 YouTube 等视频网站上的音乐和视频流。

需求预测用于优化供应链计划。通过预测产品需求，时尚行业可以减少生产过剩，从而降低成本并减少浪费。

机器人技术

机器人技术是一个独特的研究领域，尤其是在服装制造业中，需要跨时尚、机械工程和机器学习领域的专业知识。机器人在工业环境中用于汽车、航空航天和其他主要处理刚性零件的行业，已有多年历史。

由于处理织物所涉及的复杂性，时尚产业中的机器人制造仍然是一个新兴领域。尽管如此，随着计算机视觉和执行复杂任务所需的计划算法的改进，机器人技术在时尚界正在逐渐被采用。

工具与技术

诸如神经网络、生成对抗网络和数据挖掘之类的工具和技术正在被跨领域使用。这些方法不断变化发展，以在产业中获得更高质量的

成果。

神经网络

神经网络是机器学习的子类别。它们最初是根据我们对人脑中神经元行为的理解而建模的：在大脑中，单个神经元会对接收的输入信息进行处理并发送输出。神经科学已经摆脱了这个想法。我们现在知道，大脑实际上并不会这样工作，并且机器学习中的神经网络背后的统计数据是独立于神经科学而开发的。

神经网络通常由并行计算信息的层创建。它们由相互连接的节点组成。这些系统中的知识由节点之间相互传递信息的模式表示。

人们对神经网络组成的思考方式通常包括三个基本部分：

● 输入层：包含输入数据

● 隐藏层：包含突触架构

● 输出层：提供网络结果

在该框架内，神经网络可以采用多种架构。并非所有的神经网络都是相同的。在实际实现过程中，**训练**也是该过程的重要组成部分。训练涉及通过神经网络发送数据。在此阶段，网络正在学习输入和所需输出之间的复杂连接。在许多情况下，网络的有效性取决于高质量的数据。

在本章前面讨论的应用领域中常常涉及神经网络。了解神经网络的基本机制有助于理解现代人工智能的工作原理。

生成对抗网络

无监督的学习技术效率很低，因为机器必须自主学习。对于我们来说显而易见的东西对机器而言可能并不明显。**生成对抗网络**（GAN）是提高无监督学习效率的一种方法。生成对抗网络使用两个神经网络：一个网络生成结果，另一个网络评估这些结果的准确性。

生成对抗网络是机器学习领域中最近被采用的技术，并已由亚马逊等公司提出，作为 2017 年创建人工智能时尚设计师的一种方法。这些模型和其他生成模型在用于创建独特的新图像以及填充不完整或损坏的图像信息方面具有广阔的前景。

数据挖掘

数据对于机器学习中的任何任务都至关重要。没有数据，机器就没有任何可以用来训练的内容。数据可以包括诸如视频、图像和文本之类的信息。**数据收集**是指收集数据进行分析的过程。

在许多情况下，数据收集只是开始。你如何处理所有数据？**数据挖掘**涉及发现大量数据中的有用信息。对于时尚产业，社交媒体可以成为了解顾客对产品和趋势的感受的宝库。

引入 Betty & Ruth 时尚品牌

在整本书中都会涉及一个虚构的女性时尚品牌，名为 Betty & Ruth。通过这个品牌，将用一些示例说明时尚公司当前如何处理一些任务，以及如何使用书中讨论的技术对其进行改进。

书中 Betty & Ruth 的示例提供了一个探索实现的机会，有时还会展开叙述其他相关技术如何适合这个场景。

本章总结

在不同的应用领域，技术和工具在特定的任务上各有优缺点。人工智能的应用领域通常针对特定的需求（例如，分别使用计算机视觉和自然语言处理来解决与图像和语言相关的问题）。了解哪些技术和工具对你的应用起作用是成功使用人工智能的关键。

计算机视觉是人工智能固有的视觉特性，并应用于图像和视频的处理。另外，自然语言处理涉及人类语言和机器语言之间的通信。

人工智能，尤其是机器学习方法，会使用数据和模型来理解和预测我们没有解决的问题。

为了更深入地了解人工智能的基础知识，推荐以下书籍。你可以在本书的后续章节中找到更多内容。

- *Artificial Intelligence：A Modern Approach*，by Stuart Russell and Peter Norvig（Pearson，2016）

- *Artificial Intelligence：The Basics*，by Kevin Warwick（Routledge，2011）

本章术语

人工智能（Artificial Intelligence，AI）：计算机科学的一个领域，旨在教会机器的智能行为。

代码（Code）：机器可以解释的语言。

计算机视觉（Computer Vision，CV）：计算机科学的一个领域，研究视觉系统。包括教计算机处理、分析以及理解图像和视频。

数据（Data）：可以测量、收集、报告和分析的信息。它可以采用各种媒体的形式，包括文本、图像和视频。

数据收集（Data Collection）：为分析而收集数据的过程。

数据挖掘（Data Mining）：在大型数据集中发现有用的信息。更多信息请参见第9章。

深度学习（Deep Learning）：机器学习方法，通常是在具有更多隐藏层的大型神经网络中进行的，这增加了输入和输出之间关系的复杂性。

需求预测（Demand Forecasting）：包含多种方法来预测产品或服务的未来需求。

生成对抗网络（Generative Adversarial Networks，GANs）：一种无监督学习的方法，该方法使用两个神经网络串联生成结果，然后分析这些结果的准确性。

硬件（Hardware）：计算机系统的物理组件。

惯性测量单位（Inertial Measurement Units，IMU）：用于测量物体周围的物理力、角度，有时还测量磁场。在你的手机中，屏幕会根据手机的物理方向旋转，这是通过提供有关手机在空间中位置信息的惯性测量单位确定的。

机器语言（Machine Language）：用于给机器下达具体指令的语言。与编程语言相比，人类通常无法阅读机器语言。

机器学习（Machine Learning）：人工智能的应用，其目标是对数据模式进行建模。

机器感知（Machine Perception）：指机器通过使用传感器从其环境中获取信息的能力。

微机电系统（Microelectromechanical Systems，MEMS）：由尺寸为 1 微米到 100 微米的组件组成的真正的小型电子设备。

自然语言处理（Natural Language Processing，NLP）：使用人工智能教机器使用人类说和写的语言。

神经网络（Neural Networks）：也称为人工神经网络，它们的组织方式类似于人脑中神经元的工作方式。

节点（Node）：在神经网络中，节点是指基于计算机的神经元表示形式。节点通常是指计算机科学中网络的基本单元。例如，你的手机是移动网络中的一个节点。

接近传感器（Proximity Sensors）：可以确定附近是否有物体。手机中的接近传感器可让你知道在拨打电话时你的脸是否在屏幕旁边。此功能表示当你的脸部接触手机时手机不会关闭。

推荐系统（Recommender Systems）：基于对用户喜好或购买意愿的预测来推荐产品和服务。

传感器（Sensors）：用于使机器能够感知周围的环境。

软件（Software）：计算系统的一部分，它使用机器语言来告诉机器做什么。

训练（Training）：网络或模型基于特定数据集学习的过程。

图灵测试（Turing Test）：一种确定机器是否具有人类智能的测试。

非结构化数据（Unstructured Data）：也称为自由格式数据，这是一种没有设置结构（例如数据）来帮助机器解析的数据。

第二篇
购物和产品发现

第 2 章

自然语言处理和会话式购物

如果你不感兴趣，那么你就会很无聊。

——艾里斯·阿普费尔（Iris Apfel），室内设计师，时尚达人

自然语言处理在人机通信中起着至关重要的作用。每天世界各地的用户都在创建数十亿字节的数据。这些内容大部分都是以非结构化格式创建的，常规编程技术无法使用这些内容。而机器可以通过使用自然语言处理技术来解释这些非结构化数据，无须严格的数据结构。要了解有关数据和数据结构的更多信息，请参阅第 6 章。

在时尚业中，自然语言处理技术已应用于诸如会话商务、聊天机器人、基于人工智能的造型设计师、图像和趋势分类以及微时刻购物等应用程序中。

在互联网上找到你中意的服装可能非常困难，需要筛选数十、数百甚至数千件商品。会话商务是在时尚零售中获得广泛关注的最普遍概念之一，它于 2017 年底开始投入使用。通过将产品信息整合到聊天界面中，品牌商能够减少产品发现过程中的摩擦，并为消费者提供搜索产品、信息和顾客服务等高度个性化的体验。

本章将阐述会话商务和自然语言处理出现的背景以及支持这些功能的技术。

自然语言处理

自 20 世纪 50 年代以来，计算机科学家一直在研究自然语言处理。计算机科学家艾伦·图灵认为使用人类语言的能力是决定机器是否智能的重要因素。后来，他创建了图灵测试来衡量机器智能。正如第 1 章所述，如果一台机器能够让人们相信它是人类，那么它就可以通过图灵测试。在那时以及整个 20 世纪 60 年代，第一批聊天机器人被创造了出来，体现了基于自然语言接口的强大功能。

伊丽莎（ELIZA）①

是什么让你认为我有权发表自己的意见？

——ELIZA，聊天机器人

当时最著名的例子之一是**伊丽莎（ELIZA）**机器人，它是最早通过图灵测试受限版本的机器人程序之一。该机器人模拟一个**罗杰式的心理治疗师**（Rogerian Psychotherapist）来处理用户的输入信息，将其保存在内存中，并在会话过程中调用它们。

伊丽莎机器人最初是由麻省理工学院（MIT）人工智能实验室的约瑟夫·魏森鲍姆（Joseph Weizenbaum）创建的。该机器人由一长串可能的响应和复杂的规则组成，这些规则用于确定会话中应该如何响应。在 20 世纪 80 年代，这些机器人程序的架构都因机器学习而发生了变化。如今，人们能够通过控制**聊天机器人**的算法与其进行更复杂的交互。

---

① 你可以通过访问这个网站来与伊丽莎机器人进行互动：https：//thefashionrobot.com/eliza.

聊天机器人

大多数聊天机器人可以分为两个基本类别：脚本化和人工智能。**脚本化聊天机器人**只能遵循一组预定义的规则。这组规则意味着聊天机器人可以回答的问题种类以及可以创建的回应仅限于使用的脚本。人工智能聊天机器人可以解释人类使用的自然语言，并且能够对未预先定义的输入信息做出相关回应。

最近，聊天机器人除了可以使用文本之外，还可以在会话中使用图片。本书第 3 章将讨论启用视觉搜索和其他基于图像特征的计算机视觉技术。

专业聊天机器人

尽管许多公司都创建了通用的聊天机器人，但有些公司却专门为零售应用创建了专业聊天机器人。这些聊天机器人的服务更有可能为时尚零售商提供帮助，因为与顾客讨论时尚或零售商品时，普通的聊天机器人可能会感到困惑。

有些公司，如提供交互式用户体验的公司 mode. ai，在**款式喜好**、**尺寸**以及**合身性偏好**方面都出类拔萃。其中一些公司正在研究的另一个功能是整合跨品牌的尺寸关联，以使消费者在考虑购买时更容易知道要购买的尺寸。

最终，这些专业的聊天机器人服务似乎将成为时尚品牌寻求人工智能辅助产品发现、产品护理和顾客服务的一站式商店。

会话商务

喜欢用电话进行商务活动的人很少。而且也没人愿意为每项业务或服务都安装新的应用程序。我们认为你应该能够像给朋友发信息一样给商家发信息。

——马克·扎克伯格（Mark Zuckerberg），2016 年 Facebook F8 软件开发者大会上的发言

会话交互不是新事物。尽管自 20 世纪 60 年代推出伊丽莎（ELI-ZA）这样的聊天机器人以来，它们就一直存在，但是它们有如今的影响力应该归因于即时通信应用程序的普及流行。根据美国著名的数字媒体 Business Insider 所提供的数据显示，2015 年即时通信应用程序的增长超过了社交媒体应用程序。直到最近几年，即时通信应用才被广泛采用，它为聊天机器人的会话提供了自然接口。

自然语言查询

会话商务背后的主要目的是减少用户为获得所需产品信息而点击的次数。用户可以选择通过**输入自然语言**来查询内容，而不必像如图 2.1 所示的那样使用四个过滤器。图 2.1 至少需要四次点击才能进入产品查询，但可以用简单的输入代替这一过程，即输入"找到 100 美元以下的 3～4 码的黑色的女式高跟凉鞋"。

价　格	款　式	颜　色	后跟高度
□50美元及以下	□凉鞋	□黑色	□平底
□100美元及以下	□靴子	□棕色	□低于1英寸
□200美元及以下	□运动鞋	□蓝色	□1～1.75英寸
□200美元及以上	□高跟鞋	□白色	□2~2.75英寸

图 2.1　时尚电子商务网站上的搜索过滤器示例

购物与通信

2015 年，会话购物或会话商务似乎就已经形成了一种概念。会话

商务界面背后的人工智能机器人充当与消费者进行会话的一端的**代理**。通过向机器人提问，消费者可以通过一键操作来接收个性化推荐、产品保养说明、顾客服务以及购买产品。

"会话商务"（Conversational Commerce）一词是由技术专家克里斯·梅西纳（Chris Messina）提出来的，对此描述如下：

会话商务涉及利用聊天、消息传递或其他自然语言界面（例如语音）与人、品牌或服务进行交互。在会话商务出现以前机器人在双向即时通信领域毫无建树。

——克里斯·梅西纳，莫莉（Molly）人工智能公司创始人

会话交互并不只包含了消息传递。它还包括按钮、网络视图、图像和其他简化的**图形用户界面**（Graphical User Interface，GUI）组件。这些组件可以通过为特定上下文语境提供可能的结果来帮助指导人类用户与机器之间的对话。

为了模仿与店内销售助理交谈的经验，一些公司，如 Levi Strauss & Co.（李维斯，知名牛仔品牌）公司已经与 mode. ai 这样的人工智能公司合作。2017 年底，Levi's 和 mode. ai 发布了一个会话式商务机器人，可以帮助消费者找到属于自己的完美牛仔裤。图 2. 2 展示了 Levi's 的 Facebook Messenger（一款隶属于 Facebook 旗下的即时通信工具）和网站上显示的 mode. ai 会话式购物界面的屏幕截图。这个特定的示例使用混合界面，并不只依赖于用户的即时输入，它还允许用户通过单击预设按钮来选择常用选项。

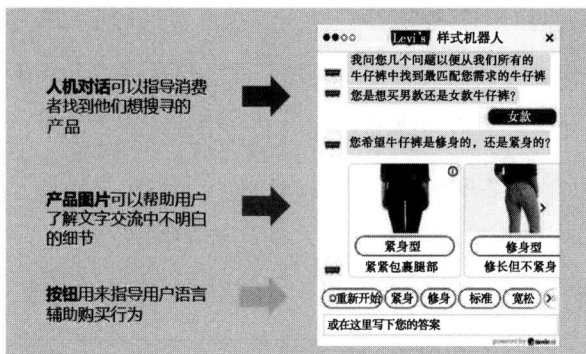

图 2.2　mode.ai 为 Levi's 创建的服装样式机器人与搜索
"牛仔裤"的消费者之间的对话

个性化的购物体验

会话商务如此诱人的部分原因在于能够为用户创建定制的体验。尤其是对于年青一代，个性化体验预计将极大地改变在线购买率。麦肯锡公司认为，"个性化可以带来 5 ~ 8 倍的市场营销投资回报率，并且可以将销售额提高 10% 或更多"。

在与消费者进行互动时人工智能代理会通过会话了解消费者的喜好并据此推荐消费者喜欢的产品。有时，这些代理甚至根据点击率调整图形界面（GUI），例如，显示按钮之类的界面组件，如图 2.2 所示。当用户与机器人进行交互时，与每个界面组件互动的数据都会被收集记录。对这些组件可以进行实时调整，具体取决于其顾客是否通过他们成功地选择了产品。

机器人之间的交互

对于品牌而言，让托管机器人与其他机器人进行交互的这一提议将使收益共享变得更加容易。正如来自 mode.ai 公司的卡伦·奥克（Karen Ouk）指出的那样，T 恤品牌的机器人可能会因为与裤子品牌机器人的交互而推荐该品牌的裤子，这种交叉推荐可以帮助两个品牌扩大影响范围并成长。

机器人之间相互建立业务关系的想法现在听起来很荒谬。随着这些机器人开始为彼此产生实际收入，或许人们难以想象一个时期，即彩票抽奖和快闪店（Pop – up Shops）标志着品牌合作伙伴关系。

基于背景信息的决策

基于人工智能的代理不仅可以提供基于产品的推荐，还可以根据用户提供的上下文信息定制推荐。用户上下文信息包括用户所在位置、语言和该地区人口统计数据。代理机器人应该对纽约的冬装和旧金山的冬装提出不同的建议。

在不远的将来，这些基于人工智能会话的上下文信息将与用户更加密切相关。它可以与用户日历同步，为他们第二天要参加的假日聚会或周五举行的董事会会议提供服装建议，并提供成熟的时尚助理服务。有关时尚和款式造型助手概念的更多详细信息，请参见第 5 章。

实时聊天

2017 年，美国国家零售联合会的全渠道零售指数（National Retail Federation's Omnichannel Retail Index）将**实时聊天**称为全渠道零售增长最快的领域之一。根据该报告，有 54% 的零售商已在其网站上提供了实时聊天服务。许多企业在它们的网站上加入了实时聊天功能，即时回答顾客服务问题、发送订单信息等。

对于消费者而言，与商店的销售人员交谈是获得其他建议的一种方式。但是当消费者在线购物时与其进行互动的能力受到非常大的限制。消费者做出购买决定的时刻对于转化率至关重要。

实时聊天或销售聊天只是零售商使用会话界面来推动消费者决策购

买决定的一种方式。实时聊天界面将消费者与人工客服、人工智能机器人联系起来,人工客服和人工智能机器人可以混合使用。以前,实时聊天是指通过品牌网站上嵌入的聊天界面与人交谈。通过使用人工智能机器人,这些一对一服务具有更大的可扩展性。随着这些服务越来越合理化,人工实时聊天和会话商务机器人之间的区别可能会消失。

Betty & Ruth 聊天机器人

如果你是一个像 Betty & Ruth 这样的小品牌商,你可能会认为人工智能机器人遥不可及。在时尚业中,我们通常没有能让其他软件公司访问我们产品数据的**应用程序编程接口**(Application Programming Interface,API)之类的东西(第 9 章将介绍什么是应用程序编程接口及其工作原理)。

幸运的是,从事会话商务解决方案的公司已经意识到,并不是每个时尚品牌商都能够拥有技术资源。作为解决方案提供商,他们已经为同意参与的品牌公司构建了**站点爬虫**(Site Crawlers),该程序将从品牌商网站中提取产品信息,以供其人工智能机器人使用。对一个网站进行基本集成并不需要品牌商实施任何新技术。

不利的是,大多数现成的解决方案都无法满足我们 Betty & Ruth 品牌的所有需求。以目前的状况,如果使用第三方应用程序,我们将需要多个专业聊天机器人来解决产品搜索和客服问题。

我们正在寻求整合其他机器人,它们必须是适用范围更广的通用机器人,并可以专注于聊天功能,如购物车恢复,这解决了我们遇到的难题:废弃的购物车。

机器如何阅读

自然语言处理在许多应用程序中起着至关重要的作用。想象一下,为了了解你的顾客在社交媒体上对本季破洞牛仔裤的评价而对其进行**情感分析**（Sentiment Analysis）。

但是，计算机在剖析单词时会做什么？它通常从规范化文本开始，这是一个将自然文本转换成机器可以理解的数据的过程。例如，它可以从纠正拼写错误的单词开始。然后将其分解为单词，对其进行分析，再将单词彼此关联以提取含义。自然语言处理在幕后进行的四种常用方法如下：

- 标记化
- 词嵌入
- 词性标记
- 命名实体识别

标记化

在**标记化**过程中，机器将句子或短语的片段分解为标记，通常是单词或术语。此过程有时也被称为词法分析或词法化。这些语言单元组成单词、标点符号、数字等。

标记化是单词分类之前的重要预处理步骤。图 2.3 是一个系统如何通过单词之间的空白（或空格）分隔标记的示例。

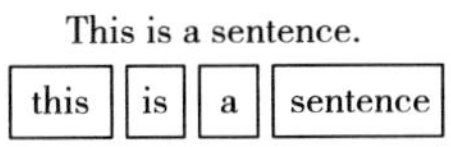

This is a sentence.

| this | is | a | sentence |

图 2.3 机器使用空格作为分隔符来标记"This is a sentence"

空格标记化只是标记文本的多种方法之一。其他方法用于更复杂的句子结构或不使用空格分隔单词的语言。

词嵌入

机器如何理解或比较单词？一种方法是将每个单词与一组数字值或向量相关联，以便机器可以比较它们。这些向量称为**词嵌入**或词向量。

词嵌入通过使某些类型的机器学习模型易于进行数学计算，从而使它们可以访问和理解单词。词嵌入可以帮助定义单词之间的关系并创建这些关系的可视化。

跳字模型

分析这些关系及其邻近性的一种方法是使用跳字模型。跳字模型使我们能够分析文本中两个单词在彼此附近同时出现的可能性。图 2.4 中的示例显示了句子 "Well - made dress，runs small"。输入的单词以灰底突出显示。查看最接近的两个单词，该句子的跳字单词对显示在右侧。这意味着，对于该商品来说，"dress，small" 比 "dress，large" 更可能出现。

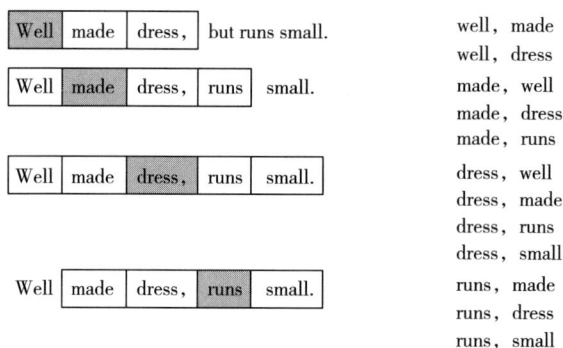

Well	made	dress，	but runs small.		well，made well，dress
Well	made	dress，	runs	small.	made，well made，dress made，runs
Well	made	dress，	runs	small.	dress，well dress，made dress，runs dress，small
Well	made	dress，	runs	small.	runs，made runs，dress runs，small

图 2.4　跳字训练模型中的单词对

词性标记

词性（Part - of - Speech，POS）标记是一个不仅根据单词定义而且还根据其上下文来定义单词的词性的过程。英语包含八个词性：名词、代词、形容词、动词、副词、介词、连词和感叹词。了解一个单词的词性可以揭示出其邻近词汇的大量信息，并有助于理解整个句子。

通常，标记化是作为该项任务的前奏而进行的，以便分离要标记的单词。标记过程是为了消除歧义，使单词的具体意思在上下文中更清晰。图 2.5 是一个词性标记的示例。

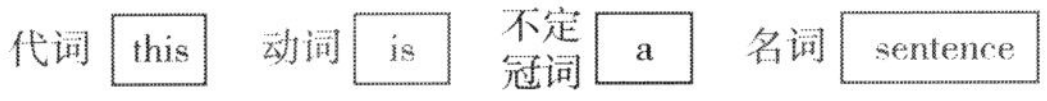

代词 this 动词 is 不定冠词 a 名词 sentence

图 2.5　图 2.3 中标记化的句子"This is a sentence"的词性标签

命名实体识别

命名实体识别（Named Entity Recognition，NER）是指将重要名词识别和分类为组织人和时间等类别的方法。图 2.6 是一个该分类的示例。

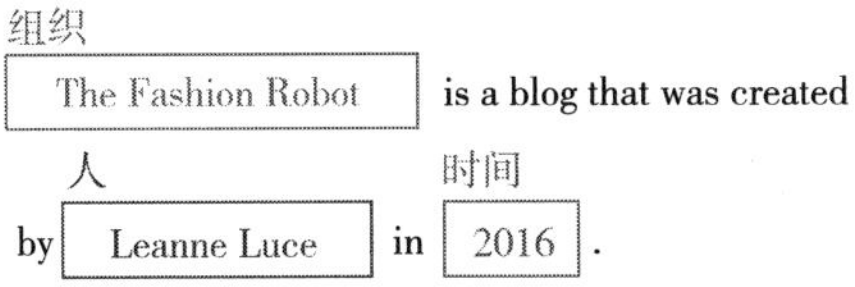

组织 The Fashion Robot is a blog that was created
人 by Leanne Luce 时间 in 2016 .

图 2.6　在句子"The Fashion Robot is a blog that was created by Leanne Luce in 2016"中标记命名实体以对名词进行分类

自然语言理解

作为自然语言处理（Natural Language Processing，NLP）的子主题，**自然语言理解**（Natural Language Understanding，NLU）解决了人类语言

理解方面的挑战。自然语言处理是阅读语言，而自然语言理解是理解语言。理解语言的各个方面（例如情感分析和关系提取）都属于自然语言理解的子主题。自然语言处理和自然语言理解之间的关系如图2.7所示。

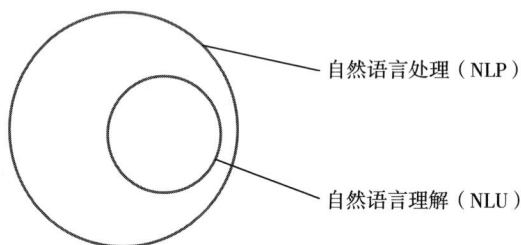

自然语言处理（NLP）

自然语言理解（NLU）

图2.7　自然语言理解是自然语言处理的子主题

情感分析

情感分析是一种理解说话者对特定对象或主体的感觉的方法。有多种理解情绪的方法，包括使用机器学习、统计、基于知识积累的方法或这些方法的混合。

基于知识的方法在很大程度上更依赖于主观感情，而机器学习方法在具体含义上具有更大的灵活性。在论文《情感树库上语义组成的递归深度模型》（*Recursive Deep Models for Semantic Compositionality Over a Sentiment Treebank*）中，斯坦福大学研究人员理查德·索切（Richard Soche）等研究人员不但使用深度学习模型分析了单个单词的情感，而且还建立了整个句子结构的表示形式以便确定其情感。树库的示例如图2.8所示。

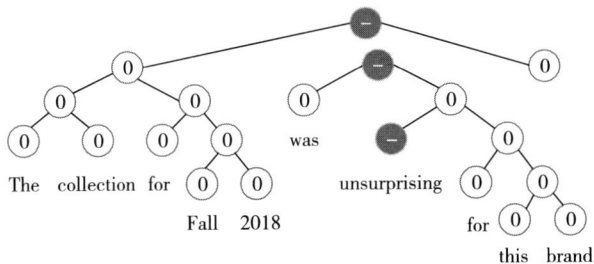

图 2.8　斯坦福大学研究人员创建的树库

基于此模型，句子"这个品牌的 2018 年秋季系列并没有让人眼前一亮（The collection for Fall 2018 was unsurprising for this brand）"反映出一种中等程度的负面情绪。负面情绪归因于"没有让人眼前一亮"（unsurprising）。在图像中用包含"－"的圆圈表示。

关系提取

关系提取是一种从文本中提取特定信息及其与主题的关系的方法。用于实现关系提取的方法很多，但是所有方法的目标大致相同。关系提取旨在理解诸如一个句子的主语、关系和宾语之类的事物。更笼统地说，它旨在寻找非结构化文本中的关系。这很有用，因为当机器阅读文本时，它可以通过文本中的句子进行学习，将知识存储到数据库中，并在出现提示时重新调用该信息。

下文和表 2.1 描述了一个如何使用关系提取的示例。

表 2.1　从自然语言中提取关系到结构化数据以备后用

主语	关系	宾语
PVH	Location	New York，NY
PVH	Incorporated	April 8，1976
PVH	Is A（n）	Apparel Company

注：PVH 是一家总部位于纽约州的公司。它是于 1976 年 4 月 8 日成立的一家服装公司。

本章总结

自然语言是人与人之间进行交流的一种方式，交流内容可以从协作任务到购买时尚服装。自然语言处理使机器可以用人类语言来理解和交流。在这个崭新的人工智能世界中，以语言作为接口可以更快、更轻松地让人们找到最合适的衣服。

聊天机器人可能从简单的脚本开始，但是如今，它们可以即时解释完整的句子和图像，并立即反馈相关结果。尽管聊天机器人并非一直都受欢迎，但它们似乎已经站稳了脚跟。它们增加了在线参与，还为眼光敏锐的购物者提供个性化的体验等。

感谢 mode. ai 公司的首席业务官卡伦·奥克在本章中回答有关会话商务的问题。

本章术语

代理（Agents）：也称为智能代理（Intelligent Agent，IA），这是一个自动化实体，可对变化环境做出反应并实现目标。

应用程序接口（Application Programming Interface，API）：使共享网站中的数据成为可能，而无须透露所有代码或要求开发人员采取措施来共享网络数据。它们通常提供可以在另一个网站或应用程序上使用得清楚且易于引用的数据。例如，你可以使用 API 在你的网站上共享你的推特（Twitter）更新信息。

聊天机器人（Chatbots）：基于机器的实体，能够接收并回应基于文本或语音问题。

聊天机器人（Chatterbots）：聊天机器人（Chatbots）的另一个名字，聊天机器人不再是流行的术语。有些人可能认为这指的是 20 世纪 80 年代以前创建的一类聊天机器人。

会话商务（Conversational Commerce）：使用会话的方式将消费者和产品联系起来。

会话界面（Conversational Interfaces）：具有按钮和其他图形用户接口的聊天机器人。

数据结构（Data Structures）：在机器中组织数据以便可以轻松访问的方法。

伊丽莎聊天机器人（ELIZA）：20 世纪 60 年代首批通过图灵测试的聊天机器人之一。它以戏剧《卖花女》——原名《皮格马利翁》（*Pygmalion*）中的主角伊丽莎·杜利特尔（Eliza Doolittle）的名字命名。

千兆字节（Gigabytes，GB）：机器上的存储单位，它是单位字节的倍数。1GB = 10 亿字节。

图形用户界面（Graphical User Interface，GUI）：图形用户界面是计算机软件的图形表示形式，它使用户可以轻松地与计算机交互。

词法分析（Lexical Analysis）：将一系列字符转换为标记的过程。另请参见词法化和标记化。

词法化（Lexing）：将一系列字符转换为标记的过程。另请参见词法分析和标记化。

实时聊天（Live Chat）：一种使企业能够实时与消费者进行互动的工具。一些实时聊天系统与人交互，而另一些与智能代理交互，还有与两者的混合体交互。

命名实体识别（Named Entity Recognition，NER）：在单词序列中查找和标记专有名词和其他名称的过程。

自然语言查询（Natural Language Query）：以自然语言输入的搜

索查询。这些界面可以接收人类语言短语并解释查询要求，然后返回相关查询结果。

自然语言理解（Natural Language Understanding，NLU）： 自然语言处理的一个子主题，专门用于理解人类语言。

词性标记［Part - of - speech（POS）Tagging］： 不仅根据单词的定义而且还根据其上下文而定义单词词性的过程。

罗杰式心理疗法（Rogerian Psychotherapy）： 心理学家卡尔·罗杰（Carl Roger）在 20 世纪 40 年代发明的心理治疗法，命名为个人中心治疗，这种疗法一直持续到 20 世纪 80 年代。这种治疗师的流行文化印象可以用短语"……你对此感觉如何？"来表达。

脚本聊天机器人（Scripted Chatbots）： 由一系列预先确定的脚本组成。它们可以回答特定问题，但很难回答不在预先确定的问题之列的问题。

情感分析（Sentiment Analysis）： 用于确定一组单词的情感影响。

站点爬虫（Site Crawlers）： 一种软件，可扫描网站以获取信息，读取内容并将其转换为结构化数据。它们通常用于搜索引擎。

尺寸和合身偏好（Size and Fit Preferences）： 一个人喜欢的衣服的尺寸和版型，例如"宽松型"和"舒适型"。

跳字（Skip Grams）： 在彼此上下文中考虑的单词组对。它们之间可能存在由分析期间跳过的单词组成的间隙。

样式偏好（Style Preferences）： 消费者选择服装样式时的偏好。例如，在牛仔裤中，这可能是"紧身牛仔裤"或者"短靴牛仔裤"。

标记化（Tokenization）： 将一系列字符转换为标记（通常是单词）的过程。另请参见词法分析和词法化。

词嵌入（Word Embeddings）： 映射到单词的实数或向量。也被称为字向量。

第 3 章

计算机视觉和智能镜

对我来说，时尚就像一面镜子，是时代的反映。如果它不能反映时代，那它就不是时尚，因为人们不会穿戴它。

——安娜·苏（Anna Sui），时装设计师

智能镜（Smart Mirror）技术正席卷零售环境，从奢侈品百货商店到个人居住空间。智能镜是在其后方具有电子显示屏的双向镜。它们是具有全套技术的计算机，包括从具有深度感应功能的硬件到配备了先进计算机视觉算法的软件。

这些镜子并不是虚构的。事实上它们通常甚至都不是镜子。智能镜背后的技术将相机和双向玻璃与数字屏幕集成在一起，可提供畸变校正、物体检测和识别、特征提取和扩增实境。这些计算机视觉技术的神奇之处在于：用户不会意识到幕后正在进行着多少计算操作。

如第 1 章所述，计算机视觉是指机器中的视觉系统。使机器具有"看"的能力，依靠数码相机生成数字图像或视频以供机器解析。本章中讨论时尚界的计算机视觉概念，这一概念涉及许多新技术，适用于与图像、视频甚至三维数字资产相关的应用程序。

零售业崩溃

在深入探讨智能镜的细节和技术功能之前，我想说明一下零售商为实体店寻求新方案的原因。仅在 2017 年，就有 6985 家实体店被关闭，超过 15 家主要零售商破产。合并和收购业务也随着这些关闭在进行着。但是如今时尚企业的竞争不仅是争夺底层市场。

年青一代要求每件事都要有参与体验。尽管时尚业在现实世界不遗余力地寻求解决方案，但这些年轻的消费者仍希望商家可以让他们在数字世界中也能获得快乐。零售业的未来依赖于创新，这些创新将人们花费时间最多的数字世界与服装和其他物品所在的物理世界连接了起来。

智能镜

在困难时期，时尚总是让人无法容忍。

——艾莎·夏帕雷利（Elsa Schiaparelli），时装设计师

使用智能镜的零售商不仅在考虑实施镜子技术的硬件，而且还正研究通过添加这项技术如何将店内体验与移动设备集成来增强其全渠道战略。这些商店中的智能镜在向消费者提供有关他们试穿过的产品以及以后如何购买的信息时，可能起着至关重要的作用。图 3.1 展示了在奢侈品店中所使用的智能镜的图片。

智能镜不仅可以向用户显示他们穿戴不同颜色产品时的样子，而且还可以显示多种类型的服装。智能镜将试穿这件事从烦人的麻烦转变为愉悦的体验。

图 3.1 一位女士尝试使用 **MemoMi** 的一款智能镜来试穿连衣裙，它带有
扩增实境的功能并可以实时更改衣服的颜色

Betty & Ruth 的全渠道策略

对于 Betty & Ruth 品牌来说，虚拟试穿并不是智能镜所提供的最有
价值的功能。这些镜子通过收集有关每个用户的信息数据，并将它们连
接到我们的数字销售渠道、电子邮件营销、社交媒体以及其他的数字营
销和销售策略。这些镜子有助于实现拥有无缝全渠道体验的目标，从而
改善我们的顾客体验和品牌一致性。

为了使实体产品发现的体验更加有效率，我们的顾客可以将自己在
商店中的图像和信息与他们在智能镜体验中试穿过的产品相关的信息传
送回自己的计算机上。这样他们就可以在家里按照自己的节奏步调经过
深思熟虑后再购买。

数据采集

顾客花多长时间在看某一件衣物？他们试穿了什么颜色的衣服？他们最终购买了什么颜色的衣服？

像任何数字设备一样，智能镜可以让零售商对其用户在看什么、在找什么和在买什么有更多的了解。借助这些数据，零售商可以学习如何对个性化产品发现流程进行更好的优化，提供更高准确性的建议，并最终提高购买转化率。第 6 章探讨大数据以及机器学习如何处理大量数据。

社交分享和结账

智能镜不仅提供了一个有趣的试衣界面，还为零售商提供了一个数据收集点。另外，它们还提供了一种从零售位置直接共享图像和视频的快捷方法。在没有实时共享机制的零售环境中，顾客一般不太可能发布在商店中看到的产品。但在有实时共享机制的环境下，他们可以立即无缝地共享商品，并标有购买所需的产品信息。更便捷的共享可以为那些尝试再次找到商品的顾客、试图购买商品的顾客社交网络，以及更有可能将零售环节转化为销售的零售商创造更好的体验。

有了像 MemoMi 这样的视觉化数字科技软件公司，消费者可以很容易地给自己发送视频，并安排比较不同的服装和颜色等。在这种情况下，最大的益处并不是虚拟试穿，而是通过数字设备快速、轻松地捕获现实世界信息。用户共享虚拟试穿的示例如图 3.2 所示。

通过将试穿和结账结合在一起，智能镜可以使购物体验变得更加轻松。顾客可以使用智能镜进行购买，新购买的物品可以稍后送至家门口，也可以自己提货带回家。这意味着他们不必排长队，也不必在商店到处走动寻找收银台。

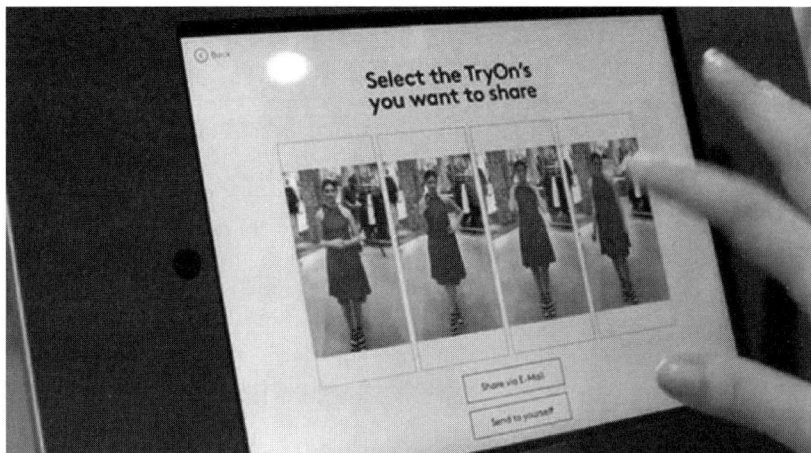

图 3.2　用户可以从店内智能镜界面中选择要与自己和朋友立即分享的图片

实现

这些设备的具体实现可能具有挑战性，并取决于零售商需要的功能。完整的虚拟试穿体验要求每件衣服都具有三维数字信息。目前来说这可能会带来挑战，因为大多数时装设计不是以三维数字方式进行的。因此，诸如更改服装颜色之类的功能对于时尚品牌而言可能是更容易的切入点，因为这种功能不需要三维资源。

如果收集数据是一个目标，那么零售商应该清楚顾客的哪些方面是他们应该需要了解的，并具有将这些信息纳入产品开发周期的机制。没有这个机制，收集来的信息将毫无价值。第 6 章举例说明基于订阅机制的企业如何依靠用户数据来指导其产品决策。

计算机视觉

为了理解图像，计算机必须将图像转换为数字信息。数字图像的基本单位是像素，即与颜色相对应的一组数值。例如，在 8 位黑白图像中，数字 0 将显示为黑色，数字 255 将显示为白色，而介于 200 之间的值将显示为浅灰色。机器使用该像素和周围像素值将算法应用于图像。基于这些值所具有的模式的数学计算是机器用来确定图像内容的工具。

图 3.3 展示了 10×10 像素的图像对于计算机来说是什么样的。在右下角的图片上可以看到，每个像素都有一个属于它的数值。

135	175	178	164	126	158	152	191	205	206
164	166	166	105	109	151	176	189	204	206
164	166	166	155	109	171	192	187	200	204
80	123	123	130	123	163	173	175	183	189
65	65	0	37	160	171	169	170	175	182
61	122	29	37	111	150	161	162	175	181
134	49	77	77	138	153	158	164	177	188
195	114	77	108	140	138	164	177	183	192
244	203	144	153	166	174	171	183	184	190
228	203	183	194	188	174	171	178	184	190

图 3.3　左图，迈克尔·鲁宾（Michael Rubin）拍摄。
右上角是图像的放大部分。右下角是每个像素的值

图像处理是指用于处理图像的多种技术。这些技术被摄影师和工程师广泛使用于各种应用中。

标准图像处理和计算机视觉中的图像处理之间的主要区别在于目标。计算机视觉应用中的目标通常是增强图像以使其更易于机器阅读。

图像转换

通过使用代表数字图像的数值，机器可以在图像转换中将数学应用于图像。图 3.4 是一个**图像转换**的示例，给网格上的每个像素加上 20。在灰度图像中，接近 0 的较低像素值较暗，而接近 255 的较高值较亮。结果是整个图像变亮。

图 3.4 将每个像素加 **20** 的图像变换。转换也可以指裁剪、旋转和应用其他简单滤镜以使图像更易于机器阅读

滤波

滤波通常用于在通过机器学习模型发送图像之前增强图像、提取信息或检测模式。通过对图像应用滤镜，机器可以更轻松地完成更复杂的任务。

滤波器是一种算法，可以通过 **Adobe Photoshop** 等软件进行手动操作，也可以使用多种编程语言或 **Matlab** 等专用应用程序以编程方式实现。使用代码而不是手动处理的优点是可以重用和自动激活滤波器。

Photoshop 和 Matlab 之类的应用程序之间的交叉比你想象得要多。

许多接受过时装设计或时装摄影培训的专业人士都熟悉 Photoshop 滤镜。

如图 3.5 所示，在 Photoshop 中**高斯模糊**（Gaussian Blur）与计算机视觉中的模糊相同。高斯模糊是一种通常用于减少图像噪点的低通滤波器。它通过计算像素与其相邻像素簇之间的平均值从而产生模糊效果。

图 3.5　Adobe Photoshop 中将高斯模糊滤镜应用于照片的效果

假设你有一个包含 1000 张图像的文件夹。这些图像中的每一个都需要旋转并裁剪为相同的尺寸，调整为相同的像素比例，然后过滤为黑白图片。你可以手动执行此操作，但是这将花费很长时间，可能需要几个小时。你也可以通过编程方式执行此操作，这可能只需要几分钟甚至几秒钟。在机器学习中，此类示例只是应用机器学习模型之前的图像预处理步骤。

特征提取

在计算机视觉中，特征被模糊地描述为图像中有趣的部分，更精确地来说，是原始数据的更高级描述。**特征提取**是指查找特征的过程。功能包括边缘、拐角、兴趣点、斑点和图像脊。通过查找特征，机器可以在图像中定义局部片段，并可以在其中找到感兴趣的对象或区域。

所有特征检测都是低层级的处理，这意味着它发生在将计算机视觉算法应用于图像的早期过程中。特征旨在分离图像的有趣部分，尽管并非所有特征都能做到这一点。但这是正确的最重要步骤之一。如果没有可重复且可靠的特征检测过程作为基础，那么应用于该图像的以下所有算法都可能不太准确。

边缘检测

边缘检测是一种在图像中找到对象边界的技术。边缘检测（图 3.6 中的示例）是用于特征检测、特征提取、建立关键点、去除背景等的基础工具。

图 3.6 左图为鞋子的图片，右图为应用了边缘检测算法的同一张图片

对象检测

对象检测用于确定图像中是否存在对象。该对象可能是铅笔、鞋子、大象以及各种各样的物体。但是在对象检测阶段，计算机并不知道具体的对象是什么。

一旦检测到对象，就可以使用**本地化**来缩小该对象的边界框。在神经网络或其他机器学习模型中使用图像时，本地化可以通过将需要解析的图像部分减少到较小区域来帮助计算机减少计算量。找到对象及其边界框后，即可对对象进行分类。图 3.7 展示了图像中对象的定位。

图 3.7　图像中的对象定位（在本例中为鞋子）

图像分类

图像分类是计算机视觉中研究最多最知名的问题之一。它是指将图像分类为许多预设的可能类别中的一个过程。图像分类的主要限制之一是其依赖于标记图像的数据集进行训练。而创建这些数据通常需要大量的手工劳动。

神经网络通常用于图像分类。我们将在第 4 章中回到神经网络并且探讨它们如何解决此类问题。

超越静态和二维图像

除了静态图像之外，计算机视觉还可以应用于解析视频和三维对象。视频中的运动检测功能可用于跟踪人群的行走方式和路径。这种分析能发现顾客经常停下来的地方，这些就是在商店里令顾客感兴趣的区域。

智能镜和类似的摄像头设备，尤其是配备了深度感应的摄像头，能够捕获三维信息。归根结底，这些方法可用于为消费者提供更合适的合身搭配或服装尺寸定制。

本章总结

智能镜正在全渠道零售、数据收集、店内参与、社交共享和扩增实境等方面释放潜力。为用户提供了一种个人定制的体验，并为零售商提供了有关他们的客户所搜寻产品的更多信息。

这些镜子使用计算机视觉和机器学习方法，为实体零售和快速发展的电子商务市场之间提供了新的桥梁。了解这些设备背后发生的事情，或许可以得到新的见解并激发出各种可能的新想法！

本章术语

Adobe Photoshop：创意行业中一种流行且广泛使用的软件程序，用于处理数字图像。

边缘检测（Edge Detection）：一种在数字图像中查找对象边缘的图像处理方法。

特征提取（Feature Extraction）：识别和量化特征的过程，通常以提取高级信息为目标。

滤光（Filtering）：用于增强图像、提取信息或检测图案。这通常是在通过机器学习模型发送图像之前完成的。

高斯模糊（Gaussian Blur）：一种常用的低通滤波器，用于从摄影到机器学习的图像处理。

图像分类（Image Classification）：将图像分类为许多预设类别之一的过程。根据应用的不同，这些类别可以是从动物物种到花边的任何种类。

图像处理（Image Processing）：使用计算机算法来处理图像，以增强图像或从图像中提取更多有用的信息。

图像转换（Image Transformation）：可以参考导致图像平移、旋转、缩放、裁剪和剪切的数学计算。在计算机视觉中，这通常用于校正图像的对齐或失真。

定位（Localization）：查找图像最重要部分的过程。通过将图像缩小到感兴趣的区域，定位有助于减少计算量。

Matlab：商业软件包，计算机程序员经常使用它们来开发计算机视觉算法。

对象检测（Object Detection）：在数字图像中检测诸如人、鞋子或手提包之类的对象的能力。

智能镜（Smart Mirror）：一台在其前面装有照相机和双向镜的计算机。这些设备通常在实体零售商店中使用，以推荐服装并允许用户虚拟试穿服装。它们也可以当作家用。

第 4 章

神经网络和图像搜索

我设想从现在开始的几年内，你甚至不需要搜索或提问就可以得到答案，因为搜索引擎知道你想要找什么。

——雷·库兹韦尔（Ray Kurzweil），作家，Google 工程总监

很难想象还有哪一个行业会比时尚行业更依赖图像。从制造到营销，几乎每个过程都围绕图像。本章讨论对图像进行分类的方法、改进这些方法的神经网络发展以及神经网络如何工作的基础知识。第 3 章中提到了对图像进行分类的想法。这听起来可能不像是极新潮或令人兴奋的概念，但它是机器在处理图像时，解答"这是什么？"的基础。

你在什么时候会想知道一个图片里有什么？在零售业中，顾客能够在网站上搜索特定的服装款式，从而使他们能够搜索到寻找的产品。更妙的是，从样式化的图片中找到产品的能力使顾客能够浏览关于产品的灵感（能用产品做什么或如何穿戴它）和访问产品详细信息（然后决定购买那个产品才能变成自己想要的样子）。

时尚业中的图像

从营销材料到设计工具，图像对时尚业的运营都有巨大影响。图像

49

在时尚设计、构造和销售中均非常重要。图像在时尚业中的使用方式包括：

- 时尚摄影
  - 高级时尚图片
  - 时装画册
  - 编辑
- 网络图像
  - 产品摄影
  - 社交媒体图片
- 设计图纸
  - 技术平面图
  - 技术包
  - 材料参考
  - 施工细节参考

在阅读本章时，你可以想象拥有一台能够识别这些图像内容的机器会有怎样的帮助吗？

图像搜索

使用图像搜索的可能性扩展到了靠图像获取信息的时尚行业的许多方面。图 4.1 展示了三种类型的图像搜索技术：图像搜索、反向图像搜索和视觉搜索。搜索引擎可以根据文本，反馈回匹配关键字和相关**关键字**标记的图像。

图像搜索泛指"查找图像"这一主题，但通常是指基于文本输入的搜索过程。图像搜索的概念是在 20 世纪 90 年代提出的，直到 2001 年 Google 提出图像搜索之后才开始普及，当时詹妮弗·洛佩兹（Jennifer

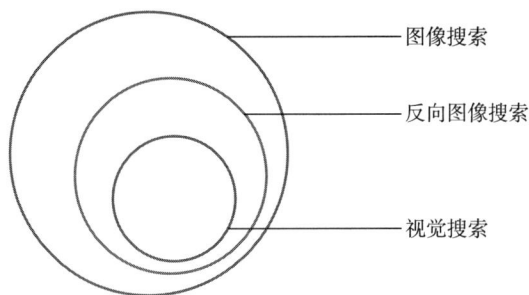

图 4.1　三种图像搜索技术及其相互关系

Lopez）的绿色范思哲（Versace）连衣裙使互联网用户陷入了图像搜索狂潮。

反向图像搜索是图像搜索的子集，是指用一个图像来查找另一个图像的搜索查询。另一个子集，即**视觉搜索**，是指在图像中查找物品并进行搜索的过程。例如，当搜索穿着一双黑色高跟鞋的时尚博主的图像时，搜索结果将会是黑色高跟鞋的图片，而不是看起来类似于该时尚博主的图片。

图像搜索不是一个前沿思想且不一定涉及人工智能。但是在时尚业中，即使基本的图像搜索也很难用作搜索工具。从灵感到过程草图，图片通常是整理和储存在计算机上的文件夹中，而不是公司的结构数据库。

图像标记

为了能够根据一段文字描述来搜索图像，需要对其进行**图像标记**。图像标记是使用关键字描述图像内容的手工过程。使用神经网络，可以用更少的手工过程标记图像。

互联网上的图像是通过使用文本地址告诉计算机在哪里可以找到该图像进行显示。文本是一个可选元素，通常在元数据中用于描述图像的内容。**Alt 文本**可以选择性地包含称为**元数据**的其他描述性信息。并非所有图像都包含它，并且文本可以是任何东西。由程序员决定是否要对图片进行描述。清单 4.1 中的 **HTML 代码**展示了基本标记。

清单 4.1　机器在网络上用来渲染图像的 HTML 代码

< img src = "/location/newyorkstatueofliberty. jpg"alt = "New York Statue of Liberty"/>

对于这串 HTML 代码，机器将找到 src（"source" 缩写）后列出的图像的位置。在 alt 文本中的关键字可帮助机器识别图像内容。在此示例中，搜索引擎可以根据提供该信息的 alt 文本，识别出该图像是位于纽约市的自由女神像。可以将元数据当作要搜索的事物，也可以将图像当作要搜索的事物。在搜索过程中机器学习可能会被使用到。

反向图像搜索

反向图像搜索是 Google 在 2011 年普及的一种图像搜索方法。在这种方法中，图像被用作搜索信息输入，然后对其进行分析并创建搜索查询，最后将结果反馈给用户。

该查询是由多种因素组合生成的，包括图像文件名、链接文本和图像附近的文本。图 4.2 展示了 Google 反向图片搜索的结果。

此搜索方法可能用于跟踪图像的来源、查找发布图像的网站、获取有关图像的信息、查找分辨率更高的版本或访问内容相似的图像。在引入这种图像搜索方法之前，来自网上的屏幕截图在用户桌面是无法被用户引用的文件。

反向图像搜索还使用了计算机视觉算法进行对象识别并提取其他视觉信息。前文第 3 章对计算机视觉方法进行了进一步讨论。

图 4.2 反向图像搜索：输入图像和 Google 视觉上相似的搜索结果

视觉搜索

视觉搜索通过使用计算机视觉来实现，这使我们能够在不依赖文字的情况下搜索大量视觉数据。在概念上与自然语言处理中面临的挑战相似，用图像搜索图像的能力可以找到原本用文字搜索不到的图像。视觉搜索将图像作为输入信息，并根据图像中的视觉特征找到相似的图像。图 4.3 展示了视觉搜索结果的示例。

反向图像搜索针对相似图像进行了优化，而视觉搜索针对跨图像搜索相似项进行了优化。创建视觉搜索模型的方法有很多种。

图 4.3 使用 Slyce 的视觉搜索在 Neiman Marcus 上的搜索结果

神经网络（Neural Networks，NNs）是一种数学或计算工具。计算机视觉是将该工具应用于图像数据的一个领域。计算机视觉系统能够识别图像中的物体对象。识别一个正在行走的人以及她穿着哪种高跟鞋的能力可能是机器学习的一项任务。此处的主要区别在于，计算机视觉提供了看的能力，而机器学习（即神经网络）提供了识别物体对象的能力。计算机视觉和机器学习可以用来独立地解决问题，但将两者结合起来可以完成更多工作。

Betty & Ruth 的图像搜索工作流

图像搜索可能会以意想不到的方式发挥作用。在 Betty & Ruth，我们过去常常通过一堆屏幕截图和桌面文件夹来管理内部图片，从未考虑过使用更高级的图像搜索来进行设计和营销。我们最大的问题是通过回忆找到图片（比如"上季的那件粉红色荷叶边上衣的照片在哪里来着?"）。

我们开始使用在线存储服务，例如 Box。它们具有图像识别功能，这使查找事物变得更加容易。虽然尚不完美，但很有帮助。

在试穿和设计过程中，我们用手机上传工艺图片。这种做法听起来很基础、简单，但是像其他许多品牌一样，我们以前使用的是老式数码相机，而且很难管理。

神经网络

情感陷入了理性的神经网络中。

——安东尼奥·达玛索（Antonio Damasio），神经科学家

神经网络是一种机器学习模型。第 1 章简要概述了神经网络，这些神经网络是根据人类大脑工作方式的早期理论建模而成的。许多方法可以在神经网络中使用，而数据中的细微差别也可以用来训练神经网络。

神经网络使用样本数据来推断用于表征新数据的规则。神经网络的主要思想是为系统提供许多样本答案，然后这些样本的集合被用来进行分析以推断模式。这是监督学习训练过程的一个示例。一旦模型完成训练后，它可以分析新数据并根据在训练过程中得出的推论对这些数据进行标记。

神经网络的类型

神经网络被广泛使用，但是神经网络的体系结构对于给定应用的有效性可以产生很大的影响。前馈神经网络、递归神经网络和卷积神经网络各有长处。前馈神经网络是最简单的神经网络之一。当数据顺序很重要时（例如在基于语言的应用中），递归神经网络很有用。卷积神经网络受到人类视觉系统的启发，通常用于图像的应用。

前馈神经网络

前馈神经网络是神经网络的最简单形式。在前馈神经网络中，通过网络传递的数据仅沿一个方向传递。这些算法获取输入，然后生成输出。前馈神经网络允许信号从输入到输出沿一个方向传递。

在第 1 章中提到过，神经网络通常分为三个基本层，尽管实际上许多神经层已远远超出了三层。这些基本层包括输入层、隐藏层和输出层，如图 4.4 所示。

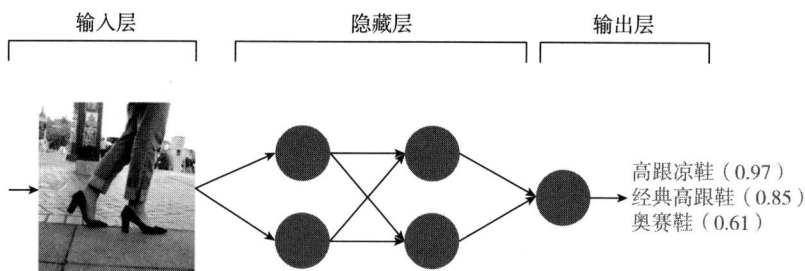

图 4.4 简化的神经网络图中的信息、输入、输出流。通常没有单个输入节点，而是图像或其他类型的数据的集合

输入层

第一层是输入层，不执行任何计算。信息传递到隐藏层的过程是在这里进行的。在图 4.4 所示的示例中，输入信息是一个女人从膝盖到脚后跟的图片。

隐藏层

隐藏层是进行计算的地方。每个隐藏层只是一个单层，但是可以有多个隐藏层。

每个输入信息（在这种情况下为图像）将通过隐藏层中的每个节点。每个输入都有**权重**或**偏差**。权重是指隐藏层中节点之间关系的强度。

神经网络训练是要弄清楚权重应该是多少。训练过程中使用的每个输入都有助于微调节点之间的权重。训练网络时，将根据神经网络的性能来调整权重。通过在训练中尚未使用的标记数据上运行的模型并查看神经网络对标记的预测程度，来评估性能。

输出层

在输出层中，**激活函数**（也称为传递函数）被触发。在继续向下一个节点发送信息之前，输出层中的每个节点都将返回"是（1）"或"否（0）"。激活函数会进行大量数学运算，以解释隐藏层内部发生的情况并确定如何处理。在图像分类器中，输出类似于图4.4中的示例，该示例展示了三个可能的类别以及图像类别正确的可能性。

递归神经网络

递归神经网络（Recurrent Neural Networks，RNNs）在涉及**顺序数据**时特别有用。顺序排列数据对于诸如自然语言处理和语音识别之类的应用很重要。递归神经网络可以具有多个隐藏层。尽管前馈神经网络也可以具有多层，但从输入到输出，它们仅允许信号沿一个方向传递。图4.5是一个简单的递归神经网络示例，循环通过隐藏层，其中使用相同的功能和参数对数据进行多次处理。

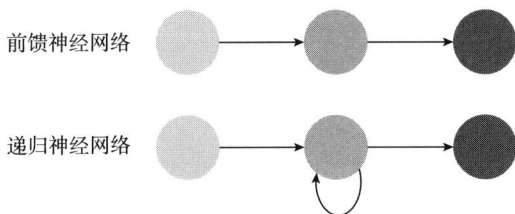

图4.5 前馈神经网络与递归神经网络结构之间的基本区别

卷积神经网络

卷积神经网络（Convolutional Neural Networks，CNNs）更适合处理图像。在卷积神经网络中，神经网络将在大型数据集中找到特征并将其用于确定图像中的内容。卷积神经网络的设计灵感来自专门用于基于图像的任务的视觉皮层系统。

很难去理解每个神经网络的隐藏层中发生了什么，但是在卷积神经网络中，有两个主要部分：特征提取和分类。通过检测图像的特征来缩小图像中包含的内容。带有毛衣的图像可能会根据以下特征进行分类：编织结构、皮肤、袖子、衣领。图4.6展示了一个假设的简化示例。

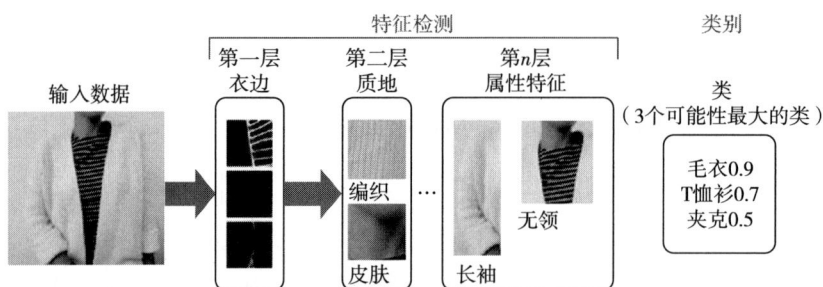

图4.6　卷积神经网络如何提取特征以对服装图像进行分类的假设简化示例

卷积神经网络可以具有数十或数百个隐藏层。如图4.6所示，每一层都可以检测图像中的不同特征，从而增加每一层的复杂性。

训练神经网络

在建立神经网络后，需要对其进行训练。**训练**是机器学习中的一个重要概念，不仅是神经网络，它还广泛应用于机器学习模型。向模型发送训练数据后，它就可以"学习"以生成结果。

训练神经网络的主要方法有两种：监督学习和无监督学习。

监督学习

在**监督学习**中，将提供输入和输出信息。例如，一件女装（dress）的图像被用作输入，而单词"dress"被用作输出（此示例适用于对大型图像进行分类）。使用已标记的数据，网络就可以处理这些数据然后比较结果。

如果出现一个错误（例如，如果机器返回裙子"skirt"而不是女装"dress"），该错误就会通过系统发送回去，并用于改良结果。此过程称为**反向传播**。反向传播将机器训练结果与手动标记的结果进行比较，并将其通过网络反馈回去，以提高准确性。系统可以相应地调整每个节点的权重以纠正错误。当更改每个节点的权重已经改良到无法再进一步改良后，训练就完成了。

这是训练神经网络的常用策略。神经网络的监督训练在很大程度上依赖于用以训练数据的质量，没有高质量且准确标记的数据，网络将无法学习。

无监督学习

训练中使用的另一种策略是**无监督学习**。在这种情况下，网络不会被告知正确的或理想化的输出信息，它必须自己决定要使用哪些功能对数据进行分类和自组织，这种行为通常称为**适应**。使用无监督学习的原因是因为创建标记数据是一项耗时且昂贵的人工任务，反过来看，使用无标记数据就相对容易得多。但是，总的来说这是一个更具挑战性的方法。

我们将不在本书中详细讨论无监督学习技术，但重要的是，要知道这是一个有可能解决机器学习的一个主要痛点的研究领域，这个主要痛点就是手动标记庞大的数据集。

训练数据

训练过程需要大型数据集，以使神经网络找到图像中的模式。目前大量数据集已被创建好，并可以在研究社区中公开使用。尽管在许多行业中信息是封闭的，但是机器学习发展却迅速而有效，部分原因是因为像训练库这样的宝贵信息和资源的共享。

标准化数据集

使用标准化的数据集有助于减少变量并隔离设计神经网络和其他模型的问题。但是，标准化的数据集会带来其他挑战，例如在多个系统之间持续存在偏差。

最常用的训练数据集之一是**美国国家标准技术研究院**（Modified National Institute of Standards and Technology，MNIST）数据库。MNIST 数据库是一组 60000 张手写字符图像，如图 4.7 所示。

图 4.7 MNIST 数据集中的手写示例

与此相关的是，Zalando 于 2017 年引入了一个更有效的训练数据集，称为 **Fashion – MNIST**。Zalando 是一家总部位于德国的电子商务零售商，专门研究时尚和美容产品。Fashion – MNIST 数据集包含 60000 个服装图像（而不是手写字符）作为训练数据，据说可以更好地代表现代计算机视觉任务。与 MNIST 数据库相比，该数据集提供的图像具有更大的差异性和复杂性。图 4.8 是来自 Fashion – MNIST 数据库的样本。

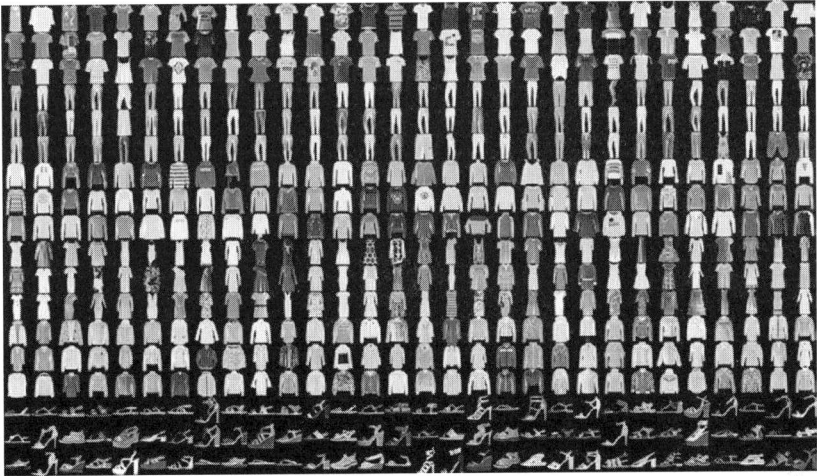

图 4.8 来自 Fashion – MNIST 数据库的样本

像 MNIST 数据集一样，Fashion – MNIST 包含十类图像。在这种情况下，它们是 T 恤/上衣、裤子、套头衫、连衣裙、外套、凉鞋、衬衫、运动鞋、包和脚踝靴，而不是数字 0～9。时尚数据集代表的是复杂的特征（领口、袖子等），而不是数字的简单特征（线、曲线和环）。

在这一领域，不断有新的数据集和工具出现，从而改善了研究人员训练新模型和应用现有模型的工作。

通过这些改进，有时也会引入一些障碍。有时还会揭示出神经网络开发方式的示例。

对抗样本

想要不可替代，就必须始终与众不同。

——可可·香奈儿（Coco Chanel），时装设计师

尽管新兴技术令人兴奋，但它们通常需要解决其他地方没有的问题。对于任何新技术，解决与新技术相关的弱点和威胁也同样重要。机器学习的历史确实很长，但是在很多情况下，这项研究仍处于萌芽状态，并且经常发现安全漏洞。尽管大多数计算都是如此，但是在某些应用中，安全漏洞可能对人类构成威胁。

对抗样本是机器学习中可能存在的安全漏洞的例子。一个对抗样本有点像是计算机的视觉错觉，它使计算机误解了某些东西。这些样本是攻击者有意创建的，目的是诱使计算机犯错误。

对抗样本表明，人类无法察觉的微小变化会极大地改变机器给出的结果。这些样本可以应用于多种媒介，尤其是图像和三维物体。

对抗图像叠加

有一些著名的对抗样本。伊恩·古德费洛（Ian Goodfellow）等在他们的论文《解释和利用对抗样本》（*Explaining and Harnessing Adversarial Examples*）中，展示了一个熊猫的图像，该图像具有人类无法察觉的一些小变化，被归类为长臂猿，如图4.9所示。中间的图像是对抗样本的输出信息。当它被覆盖在熊猫图像上时，右侧生成的图像被错误地分类为长臂猿。

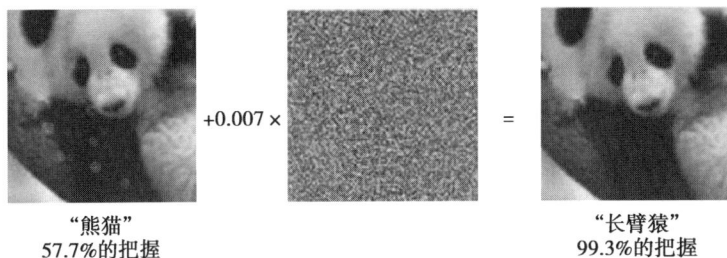

"熊猫"
57.7%的把握

+0.007×

=

"长臂猿"
99.3%的把握

图 4.9　人类难以察觉的微小变化会导致机器学习模型自信地输出错误的标签

对抗添加

汤姆·布朗（Tom Brown）等在 2017 年 12 月发布了一个能够创建一个独特的对抗补丁的示例，该补丁在图像中出现时会提示机器忽略图像中的其他对象并将该图像分类为烤面包机。此修补程序能够欺骗机器，使其相信该图像在各种环境中都包含一台烤面包机。此修补程序的用法如图 4.10 所示。

"香蕉"
97%的把握

+

=

"烤面包机"
99%的把握

图 4.10　在带有香蕉的场景中添加对抗补丁可以
欺骗模型，将其错误地标记为烤面包机

对抗对象

作为最后一个样本示例，这个三维物体看起来像乌龟，但是从各个

63

角度却被机器分类为枪。尽管样本显示某些图片在经过诸如裁剪和旋转之类的变换后并不总是清晰，但三维对抗样本却总是如此。阿尼什·阿萨耶（Anish Athalye）等在 2017 年 10 月发表的论文《合成强大的对抗样本》（*Synthesizing Robust Adversarial Examples*）中演示了一种可重现的方法来创建这些三维样本。在图 4.11 的图像中可以看到其三维打印的对抗性乌龟。

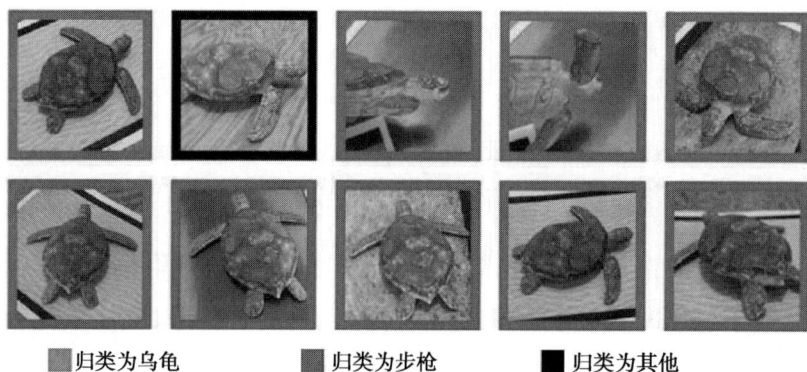

■ 归类为乌龟　　　■ 归类为步枪　　　■ 归类为其他

图 4.11　几乎从各个角度都将乌龟归类为步枪的模型

可能产生的影响

在时尚产业中有没有可能使用这些漏洞来做坏事？我们可能还无法想象这种可能性。我们只能猜测：如果有人创建了一个神经网络来买卖仿冒品该怎么办？另一个人可以使用这些样本创建图像，将假货重新分类为真正的设计师产品，反之亦然。

在自动驾驶汽车中，引起警报的一个常见"如果"场景是停车标记受到干扰，或者停车标记经过了轻微改动以欺骗机器系统。如果自动驾驶汽车中的计算机视觉系统由于停车标记上面贴有对抗性标签而无法感知它，则汽车可能不会停止。这些样本使人们在考虑大规模实施新技术时会停下来。

本章总结

时尚界经常使用图像。以前是基于文字来查找图像，但由于神经网络的发展，搜索图像的新方法正在不断出现。我们可以进一步了解在时尚界每天使用的图像的内容。

神经网络提供了一种自动化理解过程的方式，如视觉数据中的"这是什么？"。卷积神经网络在这种情况下特别有用。它们是为处理视觉数据的任务而被设计出来的。

对抗样本显示了神经网络中的漏洞，以及如何利用和操纵它们以输出错误的结果。尽管对于某些应用程序来说，这可能不是个大问题，但在高价值或高风险的情况下，它们甚至可以威胁到人类生命。至关重要的是要考虑一下，如果做错一步会导致什么后果？

本章术语

激活函数（Activation Function）：定义单个节点的输出。在神经网络中，这通常也称为传递函数。

适应（Adaption）：一种无监督学习的方法，网络可以自行决定要使用哪些功能对数据进行分类和自我整理。

对抗样本（Adversarial Examples）：能够混淆神经网络或其他机器学习模型的漏洞，从而使模型输出错误答案。

Alt 文本（Alt Text）：元数据，在 HTML 标记中用于描述图像的内容。它通常是由工程师编写代码来实现的，并且对于搜索引擎的发现非常重要。

反向传播（Backpropagation）：使用错误将训练结果与正确的结果进行比较，然后通过网络将其反馈。通过将学习到的信息通过系统反馈回来，该模型将变得更加准确。

偏置（Bias）：在神经网络中，偏置是代表隐藏层中节点之间关系强度的数字。调整偏置或权重是训练过程中的关键部分。另请参阅权重。

卷积神经网络（Convolutional Neural Networks，CNNs）：一种用于解释视觉数据的神经网络。

Fashion MNIST：MNIST 数据集的常用后继，Fashion MNIST 由70000 个带有标记的时尚图像组成。

前馈神经网络（Feed–forward Neural Networks）：人工神经网络的最简单形式，其中信息仅沿一个方向传递，而永不向后传递。

HTML 代码（HTML Code）：一种标准的标记语言，用于创建网页和应用程序以呈现用户界面组件。

图像搜索（Image Search）：更通用的术语是基于搜索查询发现图像。通常，图像搜索是指基于文本的查询，其他术语（如反向图像搜索或视觉搜索）用于描述基于图像的方法。

图像标记（Image Tagging）：使用关键字描述图像中内容的过程。

关键字（Keywords）：也称为索引词，用于捕获图像或文档的要素并使其可搜索，尤其是在网络上。

标记（Markup）：在计算机处理中，一种用于注释文本的系统，用于修改文本的显示方式。HTML 是一种常用的标记语言。标记语言用于指示文本文档的各个部分（包括标题）、图像和样式差异。

元数据（Metadata）：其他数据的数据。元数据可以包括作者、标题、描述和位置等信息。它可能对用户隐藏，但是对于机器是可读的。

美国国家标准技术研究院数据库（**Modified National Institute of**

Standards and Technology，MNIST）：MNIST 数据集通常用于训练和测试基于图像的机器学习模型。它是一个数据库，由 70000 个手写字符组成，数字从 0 到 9。

递归神经网络（Recurrent Neural Networks，RNNs）：在按顺序排列数据时很有用，用于自然语言处理和语音识别。

反向图像搜索（Reverse Image Search）：一种使用用户输入图像查找相似图像的搜索方法。

搜索引擎（Search Engines）：使用关键字查找与用户输入相关的项目（例如文档或图像）。搜索引擎既可以在本地使用，也可以在互联网上使用。

顺序数据（Sequential Data）：需要特殊顺序才能有意义的数据。一个句子就是一个例子，如果每个组成信息都不按顺序排列，可能句子就没有意义。

监督学习（Supervised Learning）：一种学习方法，其中，模型在标记的训练数据上进行训练。

训练（Training）：模型从训练数据中学习的过程。

无监督学习（Unsupervised Learning）：使用无标记数据来训练神经网络和其他机器学习模型。

视觉搜索（Visual Search）：一种搜索工具，用于在图像中查找返回与给定对象相似的图像。此过程与反向图像搜索的不同之处在于，结果与图像整体无关，而是与其包含的对象有关。

权重（Weight）：在神经网络中，权重或偏爱是指隐藏层中节点之间的关系强度。另请参见偏置。

第 5 章

虚拟造型助手

拥有一位助手是新的时尚。

——阿帕纳·切纳普拉加达（Aparna Chennapragada），Google 产品总监

在大众娱乐中，人们经常考虑创建并使用人工智能造型师。我记得第一次看到这个主意是在电影《独领风骚》（*Clueless*，1995）中，雪儿（Cher）会使用计算机系统选择适合她上学穿的衣服，系统会向她展示她穿戴衣服的效果，并告诉她哪些搭配不佳。

根据麦肯锡公司和《时装商业评论》公司共同发布的《2018 年时尚情况》的报告，"75% 的零售商计划在未来两年内投资人工智能"。

人工智能私人设计师概念是本书中讨论的技术最终成果，也是对专业化助手未来的展望。虚拟造型助手将是同类产品中最亲密的一种，比其他虚拟助手和同类产品了解更多有关用户的拟人化数据。它还为电子商务提供了个性化的未来。

虚拟造型助手汇集了人工智能的多个领域，包括自然语言处理、自然语言理解、计算机视觉、神经网络和其他类型的机器学习。

虚拟造型助手

真正的优雅只根植于思想中；当你拥有了它，其他的一切都会随之而来。

——戴安娜·弗里兰（Diana Vreeland），*Vogue* 时尚杂志前主编

虚拟造型助手在时装销售中很有用处。将个人设计师带入零售和电子商务环境，可以提高品牌将消费者与他们所需产品匹配的能力，并根据情境进行决策。它也可以被引入消费者的家中，从而更好地利用现有的衣橱。人工智能造型师可以帮助消费者发现并满足各种期望的时尚产品，发掘出他们本来的形象优势，并使着装更为得体，与当前流行趋势和价值观保持一致并提供个性化体验。

了解创建人工智能助理的影响和信息，有助于熟悉人工智能个人造型师的角色以及这个技术的最新发展。

个人造型师

个人造型师可以通过服装管理、整体着装、妆容和其他方面来帮助人们呈现最好的形象。这项服务通常仅适用于能够负担得起的人。由于经济或地域条件的限制，在全美国范围内的普通市民都没有能力去聘请个人造型师。

现在市场上有一些解决方案使用技术来满足私人造型的需求。充当设计师和消费者之间的社交网络平台弥合了这种差距。但是，因为它们背后始终是由人（造型师）来提供服务，所以这些服务将无法以人工智能造型助手可以达到的速度扩展。正是由于人工智能造型助手的可伸缩性和在该领域中获取价值的潜力，它已成为一个引人注目的用途。

与个人造型设计师相比，人工智能造型设计师还是略显不足，人工造型师的造型风格包含了许多机器尚不理解的东西。引入人工智能造型师并不标志着个人造型师这个职业的终结。造型师为客户进行审美策划，经常在客户描述自己的造型风格时对他们的要求进行理解和诠释。他们帮助引导人们克服可能使他们感到恐惧、不确定、不安全、尴尬或困惑的经历。造型师提供了一个让个人进入自我表达旅程的个人体验。人类之间的信任远胜于对商业或软件的信任。当涉及像我们的外表这样的非常私人的东西时，现实生活中的人类始终比人工智能系统更能得到人们的信任。

虚拟助手

虚拟助手为虚拟造型助手提供了基础，并且在消费电子产品中越来越流行。这些助手通常指的是为个人提供服务的软件代理。如今，这通常是通过语音命令提示来执行的，目前的虚拟助手按品牌名称包括 Apple 的 Siri，Google 的 Google Home 和 Google Assistant，亚马逊的 Alexa 以及其他类似的基于人工智能的助手。

这些系统流程的第一步是解析人工输入。对于当今的虚拟助手，通常意味着将语音转换为文本。人工智能会记录人的声音并实时对这些声音信息创建文本。此过程通常称为**语音转文本**或**自动语音识别**（Automatic Speech Recognition，ASR）。

语音接口

许多虚拟助手也提供购买产品的功能。语音界面，有时也称为**语音用户界面**（Voice User Interfaces，VUIs），正在改变消费者的行为方式。根据 2017 年 8 月 Google / Peerless 的报告，使用声控扬声器的用户中有 58% 现在每周至少通过这类设备创建和管理购物清单一次，还有 62%

的人表示他们在下个月很可能会通过声控扬声器设备购买商品。

目前制造的硬件能够支持**远场语音输入处理**（Far‑field Voice Input Processing，FFVIP），通过允许在更远的地方对话，为基于语音接口的设备提供了更广泛的使用案例。使用多个麦克风可以部分启用此功能，如 iPhone 5 有 3 个麦克风，Amazon Echo 有 7 个麦克风。这些设备使用在不同麦克风中拾取相同声音之间的延迟来确定声音来自何处，并消除进入其他扬声器的声音。

虚拟造型助手的特点

与其他虚拟助手相比，虚拟造型助手的独特之处在于它比其他任何助手都更加强调图像的使用。图像对于提供造型建议至关重要。

虚拟造型助手的设计需要一些关键组件：自拍以及将自拍照片存储在应用系统中的能力。它还需要底层基础技术，例如用于图像识别和视觉搜索的计算机视觉功能、推荐引擎、分析以及对时尚产品的访问。

现有案例

虚拟造型助手收集的图像可以通过多种方式使用。在此虚拟助手和其他现有虚拟造型助手中，图像用于对衣橱进行分类、提出产品推荐并提供对用户的造型偏好的见解。

亚马逊的智能视觉反馈音箱 Echo Look 是最流行的虚拟造型助手示例。除了亚马逊之外，各种初创公司已经开始开发这方面的技术。从某些订阅盒公司创建的幕后软件到独特的应用程序（例如个人服装建议 Lookastic，它会根据你对问题"你的衣柜里有什么"的答案来提出建议）。视觉化数字科技软件公司如 MemoMi 正在构建智能镜，可以在零售地点为顾客提供帮助。

定义个人造型风格很困难。在某些方面，其他平台已经被用来满足对虚拟造型助手的需求。例如，图片分享平台 Pinterest 会推荐一些类似你收藏过的图片。时尚是他们最受欢迎的内容类型之一。一旦图片被推荐或被用户发现，他们可能会购买其中一些图片。

亚马逊的 Echo Look 语音声控智能摄像头

语音声控智能摄像头 Echo Look 由亚马逊于 2017 年发布。该设备旨在作为个人造型师被使用，最值得注意的是，当用户穿着两套服装进行比较时，它会基于人工智能给出建议。Echo Look 应用程序提供以下软件功能：

- 它使顾客可以拍摄更好的自拍照。一次性设置会产生一系列一致的自拍照。它提供了闪光灯和一些图像校正功能，可将重点放在人和衣服上。高质量的自拍照可提供更一致的数据，供亚马逊在提供分析和建议时使用。
- 它允许顾客创建他们所穿衣服的历史记录。
- 它会根据顾客在照片中的穿着，推荐可以在亚马逊上购买搭配的穿戴。
- 对顾客衣柜中的颜色及其流行程度具有真知灼见的见解。

随着服装图片历史记录数据的增长，该图片库可能对用户非常有用。图 5.1 展示了亚马逊的 Echo Look 语音声控智能摄像头。

硬件

Echo Look 语音声控智能摄像头的硬件具有很多功能。其功能远远超出了 Echo Look 应用程序所要求的。该应用程序本身可以使用你手机中的硬件执行其提供的功能。它有一个 500 万像素摄像头以及红外摄像头，使它能够感知深度。从理论上讲，它可以从其拍摄的物体中准确识

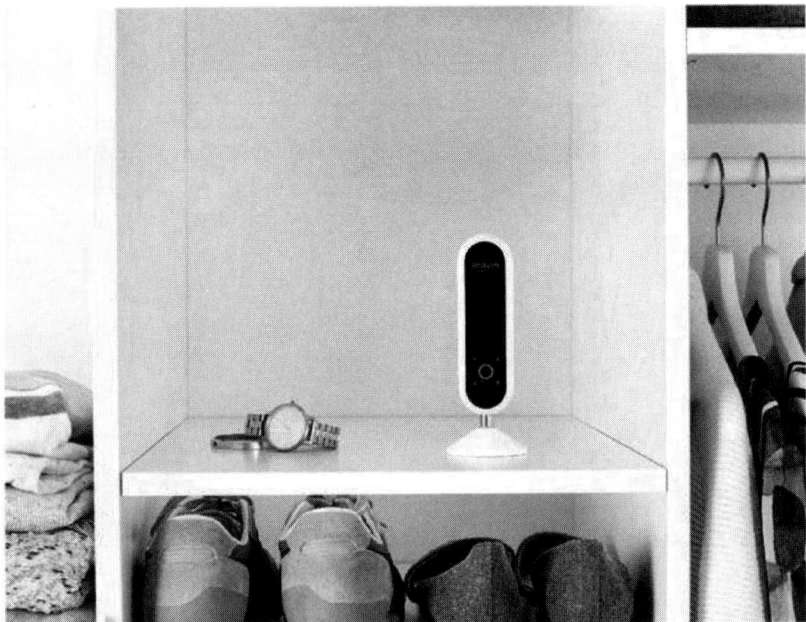

图 5.1　亚马逊 Echo Look 语音声控智能摄像头（图片由亚马逊提供）

别出测量点和测量数据。该设备还可以在本地存储多达 8GB 的数据。我们只能猜测亚马逊会对从这种奢侈硬件中收集的数据做什么样的处理。

　　红外摄像头检测到热量并产生热成像图片以表示该热量。Echo Look 语音声控智能摄像头可以模糊图像中人物周围的背景，它使用红外线在找到画面中的人并模糊人物周围的一切。

　　移动设备技术正在迅速超越这种方法。Google 在 2017 年发布的 Pixel 2 智能手机上推出的肖像模式就具有类似的技术功能，例如将被摄对象聚焦和使背景模糊。实际上，Google 对推出 Google 智能镜头也是间接地与该类应用程序中的亚马逊智能购物推荐进行竞争。图 5.2 显示了 Google 智能镜头查找与背景中所示的栗色衬衫完全匹配的图像。将来最有可能成为虚拟造型助手的将是你的手机。

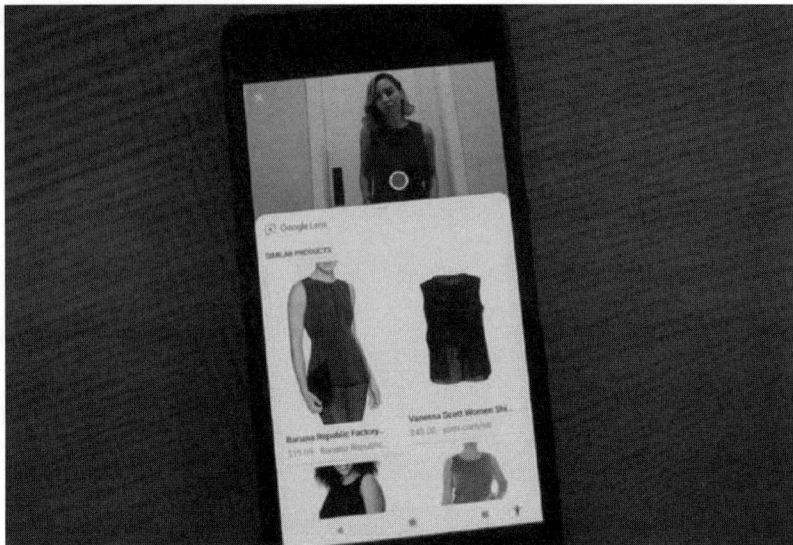

图 5.2 Google 智能镜头的搜索结果示例

带图评论

带图评论为正在决定购买时尚产品的消费者提供了大量信息，包括对剪裁方式、面料细节的精辟见解的评论，这些见解在产品页面上的室内照片中可能并不明显。

尽管带图评论非常有价值，但排名前十的时尚零售商中没有一家将其纳入其电子商务网站。实际上，在前十名中，有一半没有在网站上置入顾客评论系统。今天很少有人会在不看评论的情况下去任何地方、做任何事情或购买任何东西。

在其他电子商务类别中，带图评论却很常见。在 West Elm、Pottery Barn 和 Williams–Sonoma 这三大家居零售商网站的产品页面上都有带图片的顾客评论功能。

为什么时尚产业如此忽视带图评论？因为目前在这类网站上进行拍照、查找产品页面以及上传服装评论都很不方便，其过程不仅麻烦而且很耗时，对于一个很忙的顾客来说，要求太多了。

带图评论的未来

当我们在餐厅内时，智能手机上的地图应用程序会知道我们在餐厅里。手机会立刻或稍后提醒我们，这时我们很有可能就会留下评论，甚至可以附上我们吃过的食物的图片。

随着时间的推移，手机将会更容易、更普遍地获取有关我们所穿衣服的信息。将来，手机将为我们找到产品页面，并提示我们在穿所买的衣服的同时留下关于衣服的评论。我们的手机账户将拥有我们为自己拍摄的所有有关穿着的图片历史记录，甚至可以根据我们壁橱中已有的衣服，我们最喜欢的博客、时尚图集和与我们共享过服装图片的其他用户，来为我们推荐服装。

通用人工智能

是的，某些领域的机器的确具有超人的性能，但通用机器人甚至还不如一只老鼠聪明。

——杨立昆（Yann LeCun），Facebook 人工智能研究主管

虚拟造型助手在某些方面与**通用人工智能**（Artificial General Intelligence，AGI）的目标相吻合，代表了全部人类智能。

通用人工智能也称为**强人工智能**（Strong AI）、**完全人工智能**（Full AI）或**人工智能完备**（AI Complete）。本书其余部分讨论的专用智能通常被称为**弱人工智能**（Weak AI）、**狭义人工智能**（Narrow AI）

或应用人工智能（Applied AI），因为这类人工智能通常仅限于特定应用。

强人工智能根植于一个前提，即人工智能应达到与人类相同的智力水平。目前，此概念已被应用人工智能的方法论所掩盖，不是因为它不理想，而是因为它的成果很少。强人工智能是一个尚未解决的难题。

应用人工智能专注于特定任务或问题解决领域。即使是我们今天与之互动的虚拟助手也只是狭义的人工智能系统。当用户与苹果 Apple 的 Siri 或 Google 的 Google Assistant 这类的智能系统进行交互过程中提出系统无法解决的问题时，系统返回一个网络查询，还不能将用户与能解决这个问题相关的应用程序或功能智能地联系起来，这是他们目前正在努力实现的一个目标。

混合智能

为了营造出一种通用人工智能的假象，一些公司（例如 Fin）创建了混合虚拟助手服务。这些混合系统利用了当前人工智能的优势，并通过人工协助弥补了机器的能力和人类需求之间的差距。这些系统提供了一种方法，这种方法使我们能够了解人类正在寻找的助手类型，并缩小了可能、有用与预期之间的差距。

通用人工智能的陷阱

不幸的是，随着功能更强大更易于使用的工具的兴起，公众媒体上出现了许多关于人工智能的错误信息和误解。对于某些人来说，过度简化让他们相信我们在开发人工智能工具方面比实际所做到的要领先。而有些人可能会失望地发现人工智能未能达到他们的期望。

人工智能的危险

正如我们使用法律来建立规则制衡人类行为一样，我们将对人工智能系统以及对其进行行为指导的人类使用同样的做法。

许多媒体都在讨论实施人工智能系统的潜在危险。对于大多数专家而言，这种谨慎并不是针对人工智能机器可能成为有知觉的类人类生物并占领世界的情况，该警告是让人们意识到仅依靠人工智能时可能出现的实际问题。

例如，目前的人工智能系统无法很好地理解文化、社会或道德规范。面对需要大量联系上下文和背景信息的复杂场景，他们通常也无法做出良好的判断。在自然语言处理（NLP）和自然语言理解（NLU）方面，基于应用这些技术的金融系统的实际反应，我们已经看到了它对美国经济和其他经济体带来的重大破坏。

2008 年，一篇有关联合航空公司（United Airlines）破产的新闻的意外发表使股市市值造成重大损失。由于高频交易机依赖于自然语言理解（NLU）进行分析，自动交易在几秒钟内就对此新闻做出了反应。市值暴跌，在 12 分钟内损失高达 10 亿美元。类似的例子还有好几个，但并不一定要强调人工智能的危险性。建造这些系统的人不能总是可以预测到这样的灾难，但他们已经更加意识到增加安全检查的重要性。

本章总结

虚拟造型助手这个想法已经激发了我们数十年的想象力。在过去十年中，随着自动语音识别、自然语言处理、计算机视觉以及其他高科技技术的发展，这一概念正在得以实现。

虚拟造型助手是源自更通用的虚拟助手的专业概念。人工智能应用强调语音界面，可根据用户的语音请求完成任务。目前成功的虚拟造型助手范例并不多，只有几个而已，该应用的许多功能仍有待研究确定，这为该领域的研究开发留下了巨大的机会。

本章术语

人工智能完备（AI Complete）：一种人工智能，人们认为应该具有所有人类认知能力。另请参阅通用人工智能、完全人工智能和强人工智能。

应用人工智能（Applied AI）：将人工智能应用到现实世界中的特定问题上，通常在这些特殊任务上的表现优于人类。这是当今最流行的一种人工智能。

通用人工智能（Artificial General Intelligence，AGI）：创建"思维机器"的目标，该机器可用作像人类一样智能的通用系统。另请参见人工智能完备。

自动语音识别（Automatic Speech Recognition，ASR）：将语音实时转换为文本。这是语音接口系统的先决任务。

远场语音输入处理（Far-field Voice Input Processing，FFVIP）：对语音命令的处理，这些命令是在距智能设备的麦克风一定距离的地方进行的。

完全人工智能（Full AI）：请参阅人工智能完备和通用人工智能。

狭义人工智能（Narrow AI）：请参见应用人工智能。

个人造型师（Personal Stylist）：可以提供个人造型风格建议的专业人士，包括发型和化妆、时尚和配饰以及其他方面。

语音到文本（Speech to Text）：语音到文本也被称为语音识别，它接收语音并将其翻译为文本。另请参阅自动语音识别。

强人工智能（Strong AI）：请参阅人工智能完备和通用人工智能。

虚拟助手（Virtual Assistants）：基于人工智能的专业助手，比如Google（谷歌）的 Google Assistant，Apple（苹果）的 Siri 和 Amazon

（亚马逊）的 Amazon Alexa。请参阅人工智能助手（AI Assistant）。

语音用户界面（Voice User Interfaces，VUI）：允许人们使用语音与计算机交互，而不是使用屏幕。

弱人工智能（Weak AI）：请参见应用人工智能。

第三篇
销　售

第 6 章

数据科学和订阅服务

时尚像空气一样是日常生活的一部分，它存在于所有事情中，并在不断地发生变化。你甚至可以看到服装革命即将来临。你也可以看到并感觉到服装的方方面面。

——戴安娜·弗里兰（Diana Vreeland），*Vogue* 时尚杂志前主编

通过启用定制化体验，数据正在塑造我们体验零售的方式。在时尚行业中，围绕订阅服务构建的技术为如何将这些自定义体验应用于电子商务提供了一个示例。

尽管对于大多数时尚品牌商来说，数据对于推动销售和生产顾客想要的服装样式非常重要，但订阅服务通常依赖于数据驱动的定制管理作为产品发现的唯一方法。因为没有在线目录或搜索栏可以让用户从这些企业进行购买，订阅服务的失败成本更高，并且品牌商强烈地希望开发出一些方法来准确地交付顾客的个人需求。利用数据来保持顾客的吸引力已成为像 Stitch Fix、Rocksbox 和 Le Tote 等科技时尚公司的文化和策略的一部分。

订阅模型

女人的衣橱可以轮换交替使用，衣服搭配的可能性是无限的……

——珍妮弗·海曼（Jennifer Hyman），服装租赁网站 Rent the Runway 首席执行官

许多机制被用于建立基于订阅的业务模型，尽管如此，在深入探讨如何应用定制和数据的细节之前，这种类型的业务对于许多行业来说都是新事物，并且需要一些背景知识。

订阅业务模型可以采用多种形式。有些是随用随付，有些则需一次性支付年费。服务为顾客提供了不同等级的选择和惊喜。顾客可能每次都会感到惊讶，或者他们可能会提前选择一些自己想要的产品。

许多订购服务会收集有关给定发货中接收或拒收物品的信息。用户通常会被提示回答为何拒收服装的简短调查，他们可以回答定量问题，例如用等级 1 ~ 10 给出自己的满意度评价，或者可以直接回答问题来表达自己的意见。自然语言处理和机器学习中的专门技术可以帮助分析和量化自由文本响应，以便进行大规模学习。这些公司通过针对特定满意或不满意领域的深入认识，逐渐了解哪些服装和哪些顾客非常匹配，以及有关产品和顾客的各种其他信息。

在这些业务中，品牌商可以了解顾客对特定产品的看法。他们可能会收集成千上万个人对服装问题的答案，如图 6.1 所示。

图 6.1　用户对一件服装进行反馈的网络

他们还根据用户所选择的服装来收集他们的偏好信息，如图 6.2
所示。

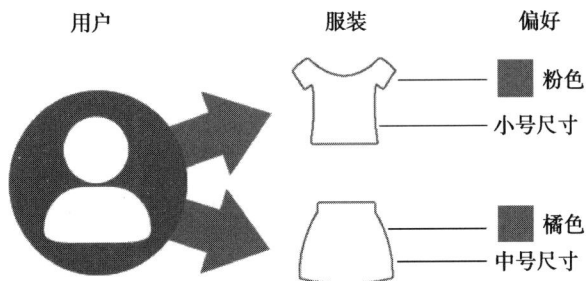

图 6.2 通过用户选择的商品及他们对调查问卷的答案了解用户的偏好

品牌订阅

对于某些企业来说，订阅服务本身带有商标，但是在到达你门口之
前，具体物品一直保密。这些企业严重依赖其品牌向顾客传达其产品的
信息是符合顾客预期的。顾客订阅后就会从品牌那里收到各种各样的商
品。例如订阅盒"Causebox"或"Unbound"。这些企业可能会提供自
己的品牌产品或与之合作的品牌产品作为广告或促销。品牌订阅中，订
阅盒中的物品并非针对个人量身定制。

目标订阅

其他订阅会向顾客提出一系列问题，以帮助他们准确确定所需的产
品。这种有针对性的订阅有时采用个人造型师服务的形式，例如智能服
装公司 Stitch Fix 或 Dia&Co，美妆电商 Ipsy 和 Birchbox 也是类似企业。
一般情况下，顾客对他们将收到哪些产品毫无头绪，而服务的重点就在
于预测顾客想要的产品。也就是根据他们对调查问题的回答和有关已收

到产品的反馈，向他们推荐产品。时尚服务通常采用专门的算法加上人工服务，将个人造型师的体验大规模地带给许多用户。

用户选择的订阅

高级服装网店 Trunk Club 和女鞋网店 ShoeDazzle 是具有用户选择审批流程的目标订阅示例。造型师或类似的机制向用户提供选项，用户确认选择的货品后就会被寄出交付。这时，用户仍然可以选择继续购买或退货。这通常会附带一笔造型费，这笔费用可能会用来支付未购买时的订单的双向运输费用。

消耗品订阅

男性个人护理品牌 Dollar Shave Club 和女性个人护理品牌 Billie 都属于消耗品类的订阅服务。用户可以设定频率（例如每月一次）来接收相同的产品。这些订阅使人们可以自动采购自己每天使用的物品。

在文化层面上，我们认为"消耗品"已经随着时间的推移而发生变化。与其他服装相比，袜子和内衣等物品的更换频率更高，可能属于此类。快速时尚的消费者将时尚商品也变成了消费品，从而为 Stitch Fix 等订阅服务创造了新的机会。

租赁订阅

在时尚界中租借物品的概念并不算新鲜事。男性西服和燕尾服一般非常昂贵，自 20 世纪 70 年代开始，这些服装的出租业务就很广泛。服装租赁网站 Rent the Runway 就是通过将这一理念引入女性时尚而开始的。从那时起，他们就为租赁服装这一领域引入了订阅服务，从而使衣橱内的服装在每个月都有进有出地进行轮换。

租赁订阅的不同之处在于它是定期重复发生的。这些服务使用户可以选择想要租借的物品，然后每个月将这些物品寄给他们。通常有一些关于租赁期限的规则以及对服务的其他限制。与许多其他订阅不同，此模型还允许用户选择他们想要的物品。

Rent the Runway 创建了一个独特的女性社区，通过这个平台她们彼此共享衣橱。她们也被激励以与其他电子商务平台不同的方式行事。Rent the Runway 的顾客即使在某件衣服自己穿起来不好看的时候也愿意拍下来并分享，还提供有关其身材类型和服装合身程度的数据，并给出适合穿着的场合的建议。这些顾客的参与使 Rent the Runway 能够不断了解受欢迎的流行商品以及使这些服装令人满意的许多特性。这些信息使其他顾客可以对商品租金做出更明智的意见。甚至消极的经历也最终对过程中的每个人都有帮助价值。

数字个性化

订阅服务（尤其是目标订阅）非常重要，因为它们能够通过个性化服务而享受数字商务带来的好处。

数字产品的出现使个性化成为消费者的预期体验。他们与能够记住自己观看和喜欢的内容的数字产品进行互动，系统可以推断出甚至连他们自己也不知道所拥有的一些偏好。在过去的几十年中，随着信息和内容的数量和可访问性快速增长，这种类型的个性化已从便利品变为必需品。

对于音乐、电影、数字产品和其他数字服务的超个性化推荐已经成为人们的期望。例如，流媒体视频公司 Netflix 并不会在你登录时向你显示所有存在的电影。相反，Netflix 会根据你看过的其他电影以及与你的个人资料中的特定兴趣提出个性化推荐。随着这种服务成为新常态，消费者在生活的各个方面都变得需要它。这种方式给了他们一种控制感，减少了选择困境。所有这些体验都是通过收集有关用户在站点上正在做的事情的数据，然后将其转变为可行的个性化定制。

对于消费者而言，对于经历了这种个性化服务后再回到时尚零售环境的用户，他们就像进入一个完全混乱的世界，因为一个已习惯于不怎么需要花时间和心思去买东西的人突然间不得不筛选成百上千个不需要的物品。

产品发现和管理正在以多种方式发生变化。它正在从时尚品牌和零售商转移到新的销售渠道类别。像亚马逊这样的在线商城和像 Instagram 这样的社交媒体营销平台都在提高向用户推荐产品的能力。他们用于生成推荐的方法基于一些基本概念：推荐引擎、数据库和统计信息。

推荐引擎

在较高的层次上，诸如 Stitch Fix 之类的智能服装公司提供的服务是围绕**推荐引擎**（也称为**推荐系统**）来构建整个服务的。推荐引擎可帮助用户过滤掉他们不想要的大量商品。从 Instagram 广告到亚马逊产品建议，几乎所有流行的服务都使用推荐引擎来减轻选择的负担。推荐引擎通过将正确的结果反馈给用户来增加销售转换的机会。

推荐引擎并不是什么新事物，事实上，它起源于电子商务。推荐引擎的两种最常用类型是协作过滤和内容过滤，第三种是混合过滤，是两种方法的组合。

根据在线获取的大量消费者的信息数据，这些引擎需要能够从用户那里学习并适应实时获取用户新信息。

协同过滤

协同过滤使用来自用户购买和其他行为的大型数据集中的信息来预测其他顾客的需求。协作过滤有两种基本方法：基于用户的方法和基于物品的方法。

在基于用户的方法中，协作过滤根据用户与其他用户反馈建议的相似度给出推荐结果，如图 6.3 所示。这方面的示例包括基于其他用户购买历史的产品推荐，你可以在诸如亚马逊之类的电子购物平台上找到这些产品。

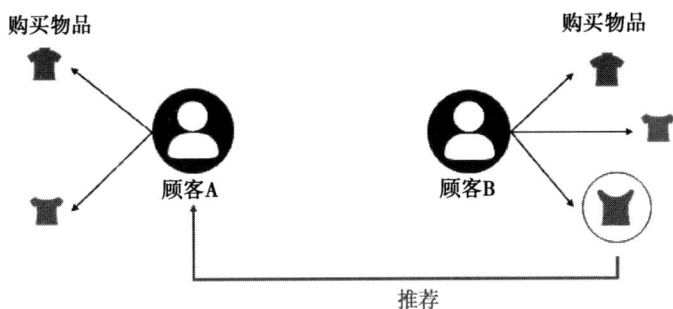

图 6.3 用相似顾客的购买信息进行产品推荐

基于物品的过滤方法根据用户对相似物品的评分结果推荐产品。基于物品的协作过滤非常有用，因为即使它对用户一无所知也可以给出相关的建议。

基于内容的过滤

基于内容的过滤方法是基于用户的操作和偏好。如果用户正在浏览某个站点并且只喜欢浏览和购买红色连衣裙，则在搜索过程中会向他们显示更多红色连衣裙。但是这种方法的一个弊端是，即使用户对该类别的商品失去了兴趣，它仍可能继续推荐同一类别的产品。内容过滤的示例如图 6.4 所示。

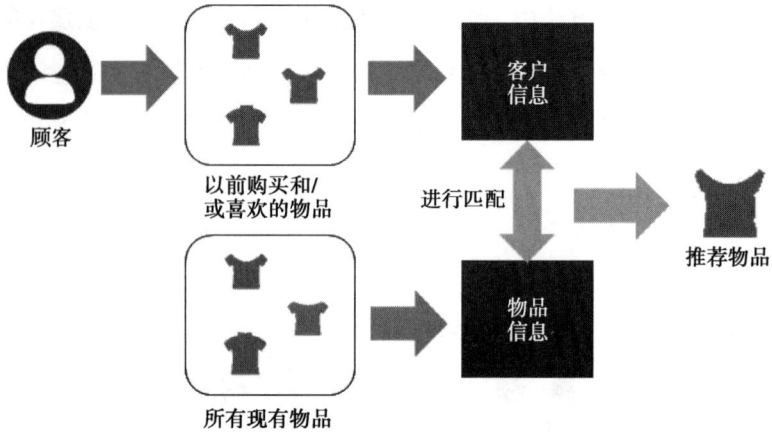

图6.4　推荐与顾客曾购买商品类似的产品

数据科学

数据是非常宝贵的，并且会比系统本身的持续时间更长。

——蒂姆·伯纳斯·李（Tim Berners‐Lee），万维网的发明者

数据科学（Data Science）是一个多学科领域，使用统计和软件工程从数据中提取与业务和产品相关的核心信息。数据科学不一定依赖于机器学习，但是作为与该领域工作人员相关的工具，它变得越来越重要。

数据通常是一组原始信息，需要进行一些处理才能具有含义。数字数据通常存在于数据库中，而数据库实际上可以是结构化的也可以是非结构化的。

什么是数据库？

数据库为机器提供了一种可以知道在何处重新调用某些信息的方法。例如，产品目录可能包含一条名为裙子的信息，该项信息具有颜色和尺寸属性。为了让机器知道尺寸属性位于何处，该项信息在数据库中

是机器可读的。

数据库用于有效存储大量数据并可对这些数据进行计算。数据库不是机器学习的概念，但对于各种编程都很重要。数据库使信息易于通过机器进行访问，并为结构化数据提供了基础。结构化数据是以机器可以理解的方式组织的数据。与结构化数据相比，非结构化数据在更大范围内的使用更具挑战性。

基本数据库是所谓的**平面文件数据库**。在平面文件数据库中，数据存在于一组称为表的相关数据记录中。平面文件数据库很像电子表格。在电子表格中，你可以执行各种操作，例如根据各种排序机制重新组织行。你还可以设置列以包含特定种类的数据，或将数学方程式应用于该列中的数据。像电子表格一样，数据库表也包含行和列，但是有一些重要的区别。在数据表中，每列具有一个**数据类型**，例如数字或字符串，该列的所有数据必须与设置的数据类型一致。数据库**模式**是一组用来定义数据表的规则集。尽管数据库表有更多的规则，但是基本机制与电子表格非常相似。

在平面文件数据库中，数据库中的每个**记录**在表中都有其自己的行。每列存储相关记录的一些数据。平面文件数据库可以存储为一个文本文件，文件中的一行是一个记录，每一列的数据均以逗号分隔。图6.5 展示了一个示例，其中每个 SKU 都有与其关联的多个属性。例如，"boyfriend jeans"（男友式牛仔裤）的类别为"pants"（裤子），季节为"fw_8"（ fall winter 2018，2018 年秋冬）。

如果你以这种方式列出品牌的全部项目，则数据库将迅速变得庞大且难以管理。**关系数据库**通过将相关表链接在一起，对于管理精简的数据很有用，不必在表条目中储存冗余的数据，我们可以用一个单独的链接表存储有关该属性的更多详细信息。

SKUs←—平面文件数据库名

Id	style_description	category	season
1	silk bomber jacket	outerwear	ss_18
2	boyfriend jeans	pants	fw_18
3	slouchy tee	knit tops	ss_18
4	l/s button down	woven tops	fw_18
5	denim jacket	outerwear	ss_18
6	cardigan	sweaters	fw_18
7	fit and flare dress	dresses	ss_18
8	tank top	knit tops	ss_18

属性

图6.5 平面文件数据库的可视化表示

图6.6展示了如何使用关系数据库定义季节。在其名为"季节"的表中，可以给每个季节分配其他属性，例如季节所在日期（delivery dates）。

SKUs

id	style_description	category	season
1	silk bomber jacket	outerwear	ss_18
2	boyfriend jeans	pants	fw_18
3	slouchy tee	knit tops	ss_18
4	l/s button down	woven tops	fw_18
5	denim jacket	outerwear	ss_18
6	cardigan	sweaters	fw_18
7	fit and flare dress	dresses	ss_18
8	tank top	knit tops	ss_18

Season

id	season	delivery_date
1	ss_18	03-15-2018
2	fw_18	10-19-2018
3	ss_19	03-17-2019
4	fw_19	10-14-2019

图6.6 关系数据库的可视化表示

结构化和非结构化数据

结构化数据是指有组织的数据。机器更容易对有组织的数据进行解析并加以利用。

另外，**非结构化数据**是无组织的。通常这对于机器而言更难理解。如前所述，这是诸如博客文章、电子邮件、文本消息和其他类型的**自由格式数据**之类的东西。随着我们在自然语言处理方面的进步，机器有更多的机会来理解人类语言。由此我们可以存储所写消息的内容以及与之相关的上下文信息。

使用自然语言处理（NLP）的一个很好的例子是使用 Google 邮箱。Google 使用自然语言处理解析你的收件箱以获取有关航班的信息，并向你发送提醒，提醒你即将搭乘的航班。

文字数据

在第 2 章中，我们介绍了几种自然语言处理的概念，包括情感分析和词向量。这些技术可用于分析顾客留下的基于自然语言的评论、反馈或客户留下的意见。这种数据是非结构化数据，机器无法立即理解其含义。

为了使用自然语言处理技术理解自然语言，一些工程师使用词向量。投资这种分析技术意味着学习和处理有关顾客的信息，将比你以前所能做的更多。

它不仅需要词向量来推断顾客留下意见，而且有可能可以解析与时尚企业有关的复杂短语。例如，如果顾客写道正处于"孕早期"，则可以推断她们怀孕了。如果顾客说自己"度蜜月"，则可能会推断他们即将去旅行。对于人类来说这可能是显而易见的，但是对于机器而言，则需要训练。该训练可用于帮助为最终顾客创建量身定制的建议。

即使你的公司不提供订阅服务，你也可以使用此信息来细分顾客群。通过订阅模型中有关顾客需求的特定详细信息以及对产品的评论和反馈，你可以构建更有效的广告定位、电子邮件广告系列和其他营销材料。你还可以采用这些重要信息来塑造你的产品开发方法。

应用领域

退一步想想，了解产品周围单词的上下文信息的动机是什么？让我们来看一下一个时尚品牌网站上的假设产品条目。这个例子中的图片就是图 6.7 中的棕褐色连衣裙图片。此图片中的产品包括六个部分信息：图片、名称、描述、价格、其他信息（不同的颜色、尺寸）和评论。这些信息是有限的，因为没有使用技术来理解概述这六部分的内容，我们就只能通过列出的标签、类别和特定变量来缩小搜索范围。

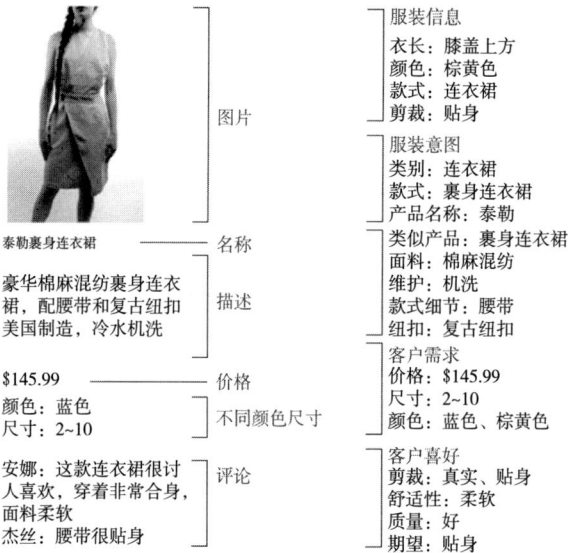

属性	
类别	连衣裙
款式	裹身连衣裙
面料	棉麻
维护	机洗

图 6.7 从样本产品条目中提取信息

94

每个部分都提供了有关产品的不同信息，可用于搜索和产品推荐。计算机视觉可以被用来分析图片以提供有关服装及其合身性方面的更多信息。产品名称和描述表述了服装设计的意图，或者更准确地说，是品牌商所希望的服装外观的描述。服装的价格、颜色和尺寸等多种数据会提供有关该服装是否满足客户需求的更多信息。是否有他们的尺码？他们想要哪一种颜色？他们愿意花这个价钱购买吗？产品评论提供这件衣服在现实世界中的信息。比如适合购买它的顾客吗？穿起来感觉怎么样？质量是他们所期望的那样吗？

将这些信息映射到一个大型特征矩阵，可以以结构化的方式提取该特征矩阵以帮助人们与适合他们的产品配对，如图6.8所示。

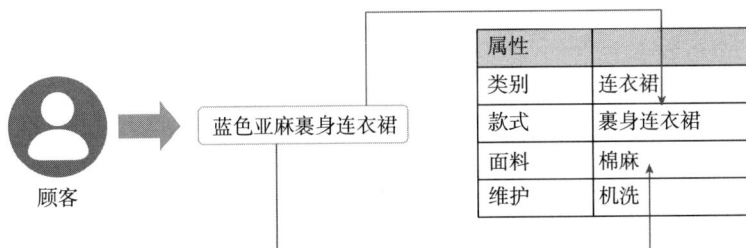

图 6.8　与客户需求相关的产品特征

可以将搜索和推荐视为匹配游戏。我们如何才能了解顾客正在寻找的产品信息，以便在寻找过程中将这个产品推荐给他们？

本章总结

不是时尚品牌，而是这一领域的科技企业正在利用顾客的数据信息，并将其转变为个性化推荐。具有讽刺意味的是，通过以这种方式建立业务，他们还发现创建自己的服装品牌更加有利可图。当他们进入制造业领域时，就开始占领时尚行业的市场份额。仅在 2017 年，智能服装公司 Stitch Fix 的市场份额就是 1% 左右。

本章术语

协同过滤（Collaborative Filtering）：一种推荐技术，根据相似用户的行为进行推荐。

基于内容的过滤（Content – based Filtering）：基于用户操作和偏好的推荐技术。

数据科学（Data Science）：一个多学科领域，使用统计和软件工程从数据中提取与业务和产品相关的核心信息。

数据类型（Data Type）：数据类型可帮助计算机了解程序中数据的使用方式。例如，字符串包含单词、文本和数字作为人类语言，而整数则包含可用于计算的整形数字。

数据库（Database）：一种结构化的数据格式，使机器可以了解信息的存储位置，从而更容易根据需要进行调用。

平面文件数据库（Flat–file Databases）：将数据存储在纯文本文件中。

自由格式的数据（Free–form Data）：没有格式的非结构化文本。另请参见非结构化数据。

推荐引擎（Recommendation Engines）：一种用于预测顾客或用户可能喜欢的商品工具。

推荐系统（Recommender Systems）：请参阅推荐引擎。

记录（Record）：数据库中的基本单位。例如，你的姓名、社会保险号和生日可能是美国公民数据库中的记录。

关系数据库（Relational Database）：分解为描述良好的表的数据

集合。这些数据的设置具有挑战性，但能提供结构良好的数据。

模式（**Schema**）：描述数据库表中包含的数据。数据库模式可以被看作建立数据库的蓝图。

结构化数据（**Structured Data**）：以结构化格式组织的数据，例如数据库。

表（**Table**）：数据库中具有保存记录的行和列的结构。

非结构化数据（**Unstructured Data**）：没有预定义数据模型或组织结构的数据。通常有很多文字。

第7章

预测分析和尺寸建议

我并不仅只是一具由尺码堆砌而成的躯体。

——阿什利·格雷厄姆（Ashley Graham），模特

合身是一个模糊定义，也是一个复杂的技术与情感交织在一起的话题。每个人对自己的衣服的穿着方式都有不同的定义。我们用单词描述合身度的方式甚至会因人而异，如"宽松"这个概念可能对每个人的定义都有所不同。

合身问题

尺寸系统是代表服装不同尺寸的字母数字组合，旨在帮助个人找到尺码合适的服装。不幸的是，并非所有品牌具有一致统一的服装尺寸。对于顾客而言，可能很难确定要购买的服装尺寸。

根据美国三维虚拟试衣平台 Body Labs 2016 年的零售调查，由于尺码不正确或不合身，全球每年收到价值 624 亿美元服装和鞋类的退货。顾客因产品不合身而对购买的产品不满意并退货，这在电子商务交易中尤为普遍。

每个人的身材都不一样。对于品牌商而言，试图生产适合任何人尺寸的产品是不现实的，甚至是不可能的。虽然要获得完美的合身程度需

要剪裁和量身定制，但使用历史数据为顾客提供最佳合身服装可能仍然有助于达到更高的顾客满意度并降低退货率。使用预测分析进行拟合匹配有望带来更高的顾客满意度。

什么是预测分析？

预测分析一词涵盖了从统计到机器学习的一系列技术。主要特点是使用历史数据来预测未来事件。

人类真的很擅长识别模式。对某事具有"预感"或"直觉"通常不只是一种黑暗艺术。预测分析是基于以下概念建模的：通过识别过去发生的事件的模式，我们可以开发一个框架或模型，通过该框架或模型可以预测未来发生的事件。

与其他机器学习技术一样，预测分析中的**模型**是一种用于模拟现实世界活动的预测算法。预测算法是一种统计方法，它使用历史数据来推断将来的数据可能是什么。预测模型的使用有两个不同的阶段：训练和预测，如图 7.1 所示。

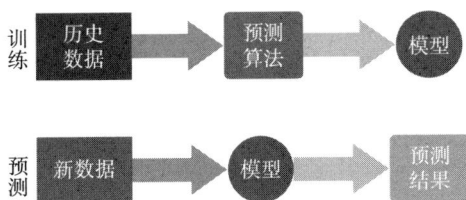

图 7.1　训练模型并使用它对未来事件进行预测的过程

尺码学习

传统上，在电子商务平台上会通过静态尺寸表（包括腰围、臀围和胸围等尺寸）来提供尺寸建议。这些图表，尤其是在零售平台上使用不同的度量标准销售的多个品牌，缺乏可以令顾客毫无顾虑购买服装的准确性。

应用预测分析技术可以为顾客推荐适合他们尺码的服装。

预测分析的应用方式是通过创建推荐引擎（如第 6 章中所述的推荐引擎），该引擎将基于合身程度提供建议。推荐引擎是预测分析的一种应用。

顾客要在网上商城中得到尺寸建议可能会经过以下步骤：打开电子商务网站并选择要购买的服装；如果顾客不知道自己的体型，他们可以使用该界面来了解其他购买了该产品的相似身材的顾客，如图 7.2 所示。

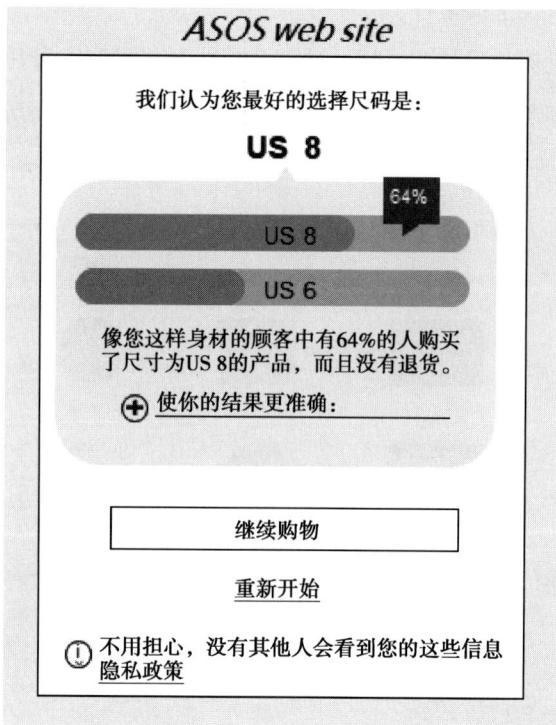

图 7.2　ASOS 网站的合身尺码分析和查找器

Fit Analytics 是一家提供尺码匹配和其他分析服务的公司。它每个月都会提供超过 2.5 亿个尺码建议。其 Fit Finder 界面可在 The North Face、ASOS 和 Tommy Hilfiger 等品牌的电子商务网站上找到。在客户输入有关自己的信息（身高、体重、年龄和合身度偏好）后，Fit Finder 将返回最适合的建议。尽管这一新概念在几年前才出现，但已迅速成为时尚购物网站上的新常态。

预测分析的其他应用程序

对于许多公司而言，使用预测分析并不是一件新鲜事，在企业的许多部门中都有使用。以下是一些其他应用场景：

- 预测哪些顾客将继续在你的商店购物，哪些顾客可能将离开平台不再购物
- 针对最有可能购买的人执行营销推广活动
- 识别可疑交易并检测诈骗事件

实施预测分析系统

根据业务和战略的不同，时尚品牌商可以通过外包和使用第三方服务（如 Fit Analytics）来实施预测分析，如前所述。他们还可以在内部启动自己的预测分析计划。

对于确实想要实施自己的预测分析实践的品牌商，需要采取一些基本步骤从头开始一个项目。实施预测分析的过程要经过一系列明确的定义阶段：定义问题、收集数据、创建预测模型、训练模型，然后使用该模型创建预测模式。在下一部分中，我们将探索每个步骤。

确定在预测分析项目中投入时间和资源的业务价值是最重要的一件

事情。没有明确的目标，将会有太多的弯路要走而得不到足够的信息。要对一个团队说"向我们的网站添加预测性分析"，就像是说"在我们的衣服上多缝一些线"，这句话太模糊且定义不明确，无法执行。团队会立即询问你有关业务价值和应用的一系列问题：哪种线？谁是供应商？便宜吗？韧性够吗？制衣厂可以使用这种线吗？哪一条产品线？哪个类别？哪种颜色？你是否要将这种线用到我们所有的产品中？

处理 Betty & Ruth 服装商务网站的评论

如果你是这些品牌的管理层之一，并且你希望启动预测性分析项目，那么在开始之前先退一步，想一想，评估一下最大的难点。

在 Betty & Ruth，我们想知道服装的尺寸是否与服装的顾客满意度相关。在这个问题中，输入变量是人的尺码，输出是这个人对服装的满意程度。

在开始之前，我们先创建了一个假设。我们注意到一种与特定尺寸和款式风格相关的模式。我们相信，可以使用顾客的评价来确定每种款式给定尺寸的顾客满意度，并据此提出建议。例如，某个中号服装被评论为更适合小号身材，我们可以预测其他中号身材的顾客将如何反应，并建议通过我们的网站进行调整。

这些发现的另一个好处是，技术设计团队可以了解更多他们为之开发产品的顾客信息。该实验提供的信息可能会影响他们评分规则和产品开发过程中的技术规格。

收集数据

一旦项目有明确目标，下一步就是收集数据。无论你在哪个公司，你都可能一直在收集有关客户和产品的数据。**数据收集**就是为了获取应用预测模型所需的信息。

如何获得信息

为了进行实验，Betty & Ruth 使用数据发掘和预测竞赛在线平台 **Kaggle**，它是查找数据集的宝贵资源。在许多情况下，这些数据集已经准备好投入使用。Kaggle 是一个网站，人们可以在此共享和竞争数据科学的挑战。这个网站特别着重于预测建模和分析。在这个平台上，公司和用户经常会上传清晰的数据集和挑战。这使平台上的数据科学家可以跳过收集和清理数据的耗时部分，而直接跳转到编写代码来分析该数据。

当我们处理自己的数据时，通常可以采用多种方法将诸如顾客评论的信息导出为 CSV 格式的文件。CSV 代表用逗号分隔的值，在这种类型的文档中的每个记录对应一行，并以表格形式存储信息，如果记录包含多个字段，则用逗号分隔。CSV 是一种非常常见的文件格式，用于导入数据。

一些电子商务平台（例如 Shopify 和 Magento）在其产品评论应用中内置了一项功能，可将评论导出为 CSV 文件。即使对于无法提供简便方法的平台，你也可以利用其他资源来实现这一目标。例如，一些网站和浏览器的扩展程序将使你可以将某些电子商务网站中的评论保存为 CSV 文件。

数据清理

对于尚未清理和准备的数据集，清理数据是获得高质量预测结果的关键步骤。**清理数据**是指删除异常值、峰值、丢失数据和错误数据的过程。具有大量异常值的数据通常被称为**噪声**数据，因为大量无关数据使解析核心信息变得更加困难。噪声数据会明显地、不必要地改变预测模型的输出信息。需要"清理"数据以便处理数据，听起来似乎挺不可思议的，但是能够直接得到你的产品和顾客相关的完美数据集是一件很少见的事。该领域的大多数专家都会告诉你，拥有精简的数据比存储大量数据要好，对于机器学习的所有应用都是如此。根据一些报告，数据科学家可能会花上占总时间多达 80% 的时间来清理和准备数据，具体取决于项目及其数据源。

当数据从多个平台（例如，亚马逊和 Shopify）汇聚在一起时，各个平台的数据结构可能会有所不同，并且字段可能也无法完美匹配。这是需要清理数据的另一个常见原因，多个数据来源可能导致差异。

数据丢失也可能会随时间推移而发生。在 Betty & Ruth 电子商务网站上，我们最近开始在每种新产品上列出纤维含量。在这之前的所有产品都不包含纤维含量数据。如果要提取诸如"我们的服装中有 25% 是用棉制成的"这样的统计信息，而没有先删除那些未列出纤维含量的服装，就会弄乱我们的统计信息。该声明不能准确代表我们的产品。如果遗漏的数据被忽视或忽略（特别是在大型数据集中这很容易发生），则输出的预测结果将是错误的。

数据集在使用前需要清理的另一个原因是由于存在**异常值**。例如一个 0 号尺寸的人订购了一个尺寸为 XL 的运动衫，并且认为非常合身舒适。这种类型的异常值应从数据中删除，因为它可能无法预测大多数顾客的行为。异常值可能是人为错误也可能是机器错误导致，有时甚至是没有任何意义的值。

没有高质量的数据集，就不可能获得高质量的预测结果。

数据可视化

开发人员和数据科学家有很多现有的方法将数据可视化，甚至可以在进入机器学习和其他预测分析之前就将其可视化。通过使用可视化工具，他们可以尽早发现数据趋势。Tableau、Chartio、Plotly、Infogram 和 Google Charts 是用于可视化数据的一些应用程序。通过提供数据的可视索引来创建这些**数据可视化**对解析它们非常有帮助。

在 Kaggle 的屏幕截图中，可以看到用简单的条形图表示数据变化比查看相同信息的列表视图更易于了解数据集。图 7.3 是一个年龄分布的示例。

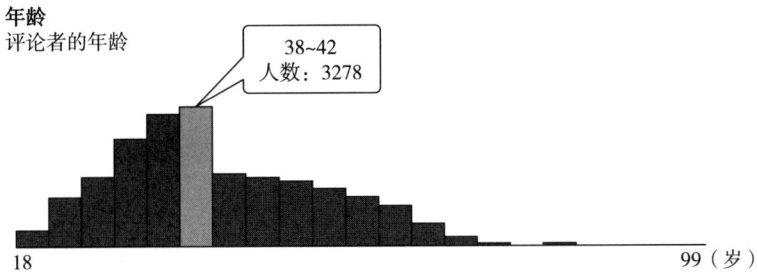

图 7.3　基于示例数据集的年龄变量的直方图

对一个公司而言，需要构建哪种类型的模型在开始阶段并不总是太明确。在开始机器学习项目之前，必须进行一些探索和实验，以找到有关数据集有益的见解并建立更明智的假设。

模型

在实际构建和实施预测模型时可能会遇到的挑战是无法用短短几段文字来解释的。有些用例比其他用例更容易预测结果。并非所有的预测分析模型都需要机器学习，但它是有用的工具，尤其是在处理大量数据时。

幸运的是，我们可能不需要自己构建预测算法即可开始进行预测分析。目前有一些可用的工具，甚至不需要编写代码就可以使用。它们使用户可以得到的适用于各种问题的即用型算法。开箱即用的技术虽然对于入门来说非常实用，但实际上可能无法带来最佳效果。

有一些通用算法可以直接使用。它们通常分为两大类：分类和回归。你可以在诸如 towardsdatascience.com 的博客上或关于机器学习和数据科学的书籍中了解到有关实际算法本身的更多信息。

MLJAR 等快速构建和部署机器学习模型平台都提供了一些相关算法供使用。平台提供了直观的图形界面，用于上传数据、运行实验和进行预测。虽然它确实可以自动完成启动和运行所需的许多过程，但这些工具是为具有机器学习领域知识的人员而设计构建的。不过越来越多的教程可供那些虽没有学过编程，但对此领域好奇并想要探索尝试的人使用。

企业工具

对于已经建立了图形用户接口的公司，其数据科学实验比以往更容易实现。这些接口绝不会减少实施工作量，但它们在无须使用**命令行界面**（Command-line Interfaces，CLIs）的情况下更容易快速入门。对于非程序员而言，使用命令行界面非常困难。像 MLJAR 这样的公司正在开发建立接口，只要你了解核心概念就可以入门。你的数据科学团队可以使用这些工具来简化其流程。

还有一些公司为企业提供人工智能工具，例如机器学习和数据分析平台 DataRobot 和 RapidMiner。这些工具通常提供可以进行进一步开发的图形用户界面（GUI），使其更易于使用。尽管后端系统的透明度可能较低，但是它们可以帮助解决大型且常见的问题，这些问题可能很昂贵且需要专业人士去处理，例如欺诈检测。有关越来越多的人工智能企业工具的更多信息，请参阅第 12 章。

时尚公司的技术博客

有好几种方法可用来匹配顾客和服装的尺寸。尽管本章关注的是预测分析作为用于评估尺码的方法，但需要指出的是时尚行业中也已经开始探索这种方法的变化形式。

智能零售商 Stitch Fix 使用一种有趣的方法来解决尺寸合身的问题，该问题在其工程师博客中进行了介绍。在一个示例中，每件衣服都有三个可选"答案"：太小、太大、刚好合身。如果客户将自己描述为 4码，但说 4 码衣服太大，则该衣服可能会被归类为介于 2 ~ 4 码，反之亦然。用户和服装都在可衡量的范围进行排名。这两个变量都是移动目标，系统会根据收集到的用户信息不断调整。

时尚领域的软件公司通常公开分享其技术、方法和实验。你可以在技术博客 multithreaded. stitchfix. com 上详细了解 Stitch Fix 的方法。

Stitch Fix 不是唯一一家在线撰写有关如何解决诸如衣服合身性问题的公司。只需花费很少的精力，你就可以在许多基于软件的大型时装公司中找到有关内部技术的信息。Lyst（你可以在 making. lyst. com 上了解它们的技术）和 Rent the Runway（其工程师博客是 dresscode. rent-therunway. com）提供了更多示例。这些博客可以为其他公司提供灵感和信息来源，帮助它们更新自己的实践或者提供一个了解这些公司背后的某些机制的渠道。

数据责任

本节对于本章来说似乎有点不相称，但是在处理个人信息时，公司有责任保护其用户。近年来，消费者和企业都越来越普遍地意识到隐私和安全的重要性。

最近在这一领域发生的事件正在促使各个公司更加重视安全和隐私：几个重大的网络安全漏洞已使数以百万计的人的隐私信息被泄露。例如，发生于 2017 年的美国消费者信用报告机构 Equifax 的黑客攻击，将数亿美国人的社会保障号码泄露，这些情况导致金融盗窃和身份盗窃等危机。好在网络用户的隐私和安全性问题已被各方关注，人们在努力地改善这一问题以打击网络暴力。

通用数据保护条例

2018 年，欧盟（EU）出台了一项名为**通用数据保护条例**（General Data Protection Regulation，GDPR）的新政策。你可能听说过它，因为你几乎会从拥有的每个账户中收到一封电子邮件，让你了解隐私策略的更新。尽管它仅适用于拥有欧洲顾客的企业，但它迫使许多大型科技公司在其业务中进行变革。通用数据保护条例涵盖了一系列保护用户数据的措施，如对用户数据进行加密和私有化，并使用户可以选择放弃账户并永久删除数据。有关个人身份信息（Personally Identifiable Information，PII）的法规最为严格，因为这可能会让个人的人身安全和隐私受到威胁。

数据和第三方供应商

"没有人会对我们感兴趣，我们没那么重要"已不再是互联网上企业对待安全和隐私的正确态度。这种想法使企业更容易受到攻击。因为一旦毫无保护措施，它们的顾客信息数据就是网络犯罪分子唾手可得的果实。当企业确实受到关注或宣传时，也增加了出现漏洞的可能性。

使用第三方服务是常见的做法，尤其是其核心竞争力不是技术的时尚品牌商。这些供应商对顾客数据的处理属于品牌商业务策略的一部分。消费者变得更加警惕，并期望至少具有基本的隐私和安全保护。使用第三方供应商的不利方面是，如果第三方供应商遭到黑客入侵，它可能会泄露敏感的顾客数据信息并破坏顾客对与他们合作的品牌的信任。

法律

对于使用推荐系统、广告重新定向以及其他使用用户数据的营销跟踪策略的企业，其服务条款和隐私权政策应该反映出数据的使用方式。

本章总结

预测分析可以为时尚企业提供强大的工具，其应用是无穷无尽的。实现有效且准确的模型的关键点是拥有高质量的数据和明确的业务目标。

随着数据科学和预测分析工具的图形用户界面的引入，企业实施功能强大的机器学习方法变得越来越容易。

在实施预测性分析、收集和分析有关用户数据时，企业有责任注意数据的隐私性和安全性来防止对公司及其顾客造成财务和人身伤害。

本章术语

清除数据（Cleaning Data）：删除异常值、峰值、丢失数据和错误数据的过程。如果没有干净的数据，则预测分析模型就有不准确的风险。

命令行界面（Command-line Interfaces，CLI）：每台计算机上都有一个界面，也称为外壳程序。一般计算机用户通常不使用命令行界面，因为大多数用户喜欢图形用户界面。但是，对于进行大量编程的用户而言，它可以提供强大的功能来控制机器的程序和操作系统。

数据收集（Data Collection）：为特定用途收集信息的过程。通常在数据收集后期，可能会对数据进行挖掘和清理。有关数据挖掘的更多信息，请参见第 9 章。

数据可视化（Data Visualizations）：用于帮助人们理解嵌入在一组数据中的信息的图表图形。

通用数据保护法规（General Data Protection Regulation，GD-PR）：欧盟于 2018 年通过的一项数据隐私法规，旨在保护互联网用户的权利和数据信息。

Kaggle：一种用于预测建模和分析挑战的平台，于 2017 年被 Google 收购。公司和个人在平台上准备好数据和问题描述并将挑战托管于平台，然后数据科学家可以竞争以得出最佳模型。

数据丢失（Missing Data）：数据集里的信息缺口。需要注意的是丢失的数据很重要，因为它会影响应用于数据集的模型中输出的质量。

模型（Model）：用于模拟现实世界活动的数学表示。机器学习模型是经过训练的机器学习算法的结果产物。

噪声数据（Noisy Data）：包含峰值、极端值、异常值和丢失数据的数据。这通常是原始数据在被清除之前的状态。

异常值（Outlier）：数据异常。某件事情与正常情况相去甚远，可能是由于机器错误、人为失误和错误解析所造成的。如果数据集报告一个用户的年龄为 300 岁，但是数据集中其他所有人的年龄都在 25~55 岁，则我们可能会认为该数据出了点问题。这是一个异常，我们可以将其从数据集中删除以防止不准确性。

预测分析（Predictive Analytics）：一个从统计到机器学习的广泛主题和方法，使用历史数据来预测未来的事件。

第四篇
设　计

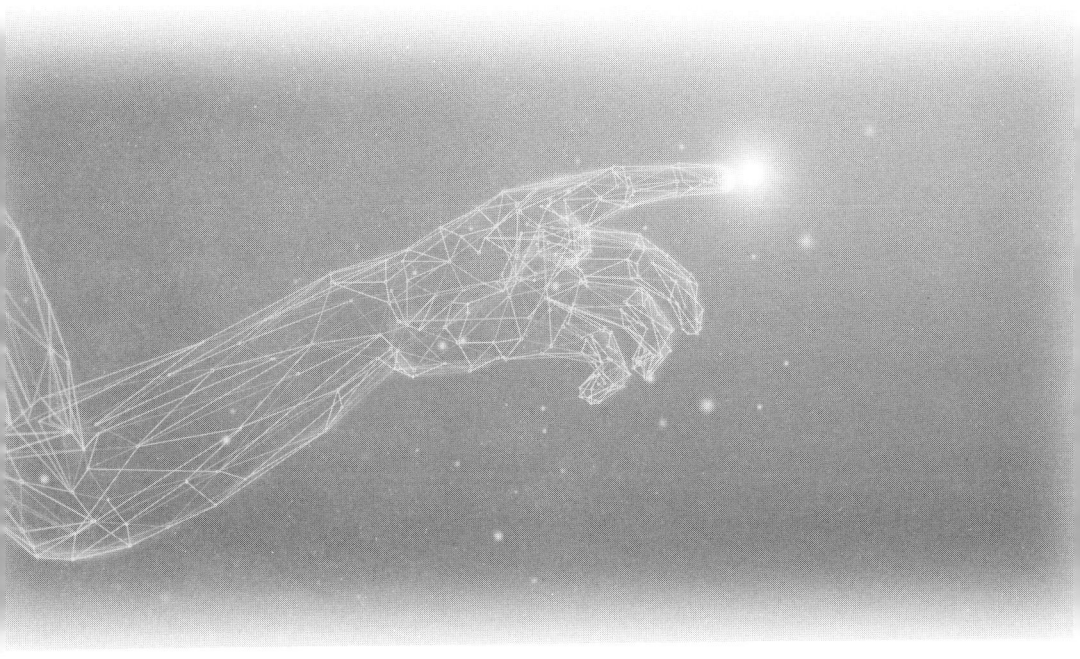

第 8 章

时尚设计师的生成模型

时尚的伟大之处在于它总是令人充满期待。

——奥斯卡·德拉伦塔（Oscar de la Renta），时装设计师

2017 年，亚马逊将一个有争议的想法引入公众意识，成为头条新闻。亚马逊声称有能力训练一种称为**生成对抗网络**（Generative Adversarial Network，GAN）的**生成模型**来设计服装。这一声明给许多时尚行业的专业人士敲响了警钟，时尚设计师这个角色即将被淘汰的威胁对每个人来说都近在咫尺。

人工智能时尚设计师

一直以来时尚都只不过是一些概念的重复，但真正使之变得新颖的是你将它们组合在一起的方式。

——卡罗琳娜·海莱拉（Carolina Herrera），时装设计师

将生成模型用作时尚设计师是指获取图像数据集并输出视觉上相似但由模型生成的图像的过程。构成输入的图像数据集可以是社交媒体或其他渠道上流行的服装。将实时数据和生成模型用于设计目的，可以使像亚马逊这样的公司具有在投入生产之前先了解服装需求方面的优势。

如果你对该概念的**数据挖掘**方面感兴趣，请阅读第 9 章。

当前提出的将计算机用作时尚设计师的建议尚存在局限性。生成模型可以创建服装图片，这对于流行趋势研究提供了一个不错的起点，但是任何阅读本书的时尚设计师都知道，事实上，一个图片只是他们工作的开始，服装图片不是设计，不是技术包，也不是服装。这些模型没有对现实世界的深刻理解，它们只能识别给出的数据中的既有模式。

但是，生成对抗网络技术对于与时尚相关的应用确实具有其他潜力。从图片生成到服装的二维图片再到人物图片的自动映射，这方面的用例才刚刚开始被探索。

人工创造力

除了亚马逊在该领域的工作外，还有其他关于该领域的研究也在进行着，用以探索生成基于时尚图像的可能性。奥斯曼·斯拜（Othman Sbai）等在他们的研究论文《设计：源自生成网络的设计灵感》（*DesIGN: Design Inspiration from Generative Networks*）中，描述了一种生成服装的方法，这种方法通过将服装轮廓作为遮罩，然后使用生成对抗网络技术将图案和纹理转移到该服装遮罩上来生成服装。这项研究的目的不是将服装设计自动化，而是要产生一个鼓舞人心的机器助手。图 8.1 展示了这项研究中一些最成功的结果。

图 8.1　斯拜等生成的服装图像。斯拜就职于 Facebook 人工智能实验室、法国国立路桥学院（Ecole des Ponts）和纽约大学（NYU）

　　该论文还涉及人工智能领域中一些更大的哲学主题。在那些产生具有创造动机的机器学习模型的人中，创造力是一个有争议的话题。对于许多研究人员而言，机器能够创造出原创艺术品来体现它们拥有人类特征这一想法是人工智能的终极成就。而有些研究人员则认为，机器似乎永远无法实现创造力，但是机器可以为正在创造的人提供出色的工具。

　　迄今为止，在所呈现的示例中，机器只能模仿人类提供给它们的创意作品，通过机器学习工作、输出模仿画家的图片、流行歌曲的创作和涂鸦素描。尽管机器能够做到的已经令人难以置信，但现实是，这些作品还不够格被标记为"艺术品"，因为尚未达到我们的预期。

将服装映射到人物图片

　　想想为销售一种服装样式而创建的所有不同类型的图：技术图纸、边线图、服装照片、服装模型照片、生活方式照片和博客照片，这些都是让消费者了解这件服装方方面面的策略的一部分。生成模型提供了一种可以减少时尚行业中图片生成成本的解决方案。

　　时尚商品电子商务公司 Zalando 的研究人员尼古拉·杰切夫（Nikolay Jetchev）和乌尔斯·伯格曼（Urs Bergmann）在《有条件的类比生成对抗网络：交换人物图片中的物品》（*The Conditional Analogy GAN：Swapping Fashion Articles on People Images*）中，提出了一种将二维服装图片合成到人物图片的方法。这项工作的一个示例可以在图 8.2 中看到。

　　虽然生成的图片仍然是低保真度和低分辨率的，但这项研究表明自动化拍摄服装模特图片的过程的可能性。每拍摄一季的服装可能都会让品牌商花费数千美元。生成对抗网络技术也已用于其他类型图片的编辑，例如照片修饰。

图 8. 2　服装图片（最右边）被合成到了人物的图片上，原始图片在两侧

将草图变成彩色图片

生成对抗网络技术的另一个研究领域是图对图翻译。这包括将一个简单的黑白草图转换为彩色图片，该过程通常被描述为线到图翻译，如图 8. 3 所示。

这种图到图的转换是使用条件生成对抗网络完成的，与以前相比，需要手动设计的设置更少，这使得该模型更易于被更广泛的受众使用。

生成模型工作与原理

在最基本的层面上，生成模型是指一种计算机驱动的图形图像、视频和音乐生成方法。这与其他类型的机器学习不同,因为输出是训练数据的一种重组变体。

图 8.3 图对图翻译工具 **pix2pix** 将左侧的黑白素描图翻译
为右侧类似照片的彩色图

图 8.4 展示了其高层面的概念。生成模型接受一系列输入图片,并输出相似但完全由机器生成的图片。

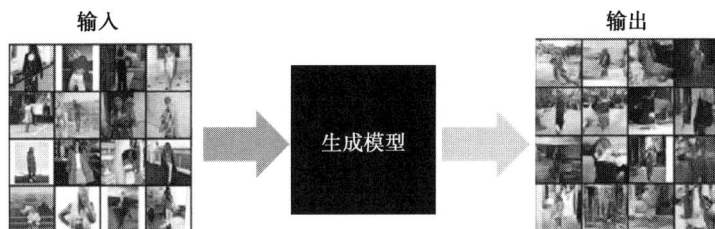

图 8.4 生成模型功能的高层视图。它接收输入
数据集并生成"伪"的,但看起来与原始数据相似的图片

生成对抗网络是生成模型的子集,是最流行的生成模型,也是被亚马逊所使用的方法。简而言之,生成对抗网络是一系列两个无监督的决斗神经网络。在生成对抗网络中,其中一个神经网络根据其在输入数据集中识别的模式生成图像,而另一个神经网络将这些图片分类为真实图片或伪图片。信息通过生成网络传回以改进模型。

生成模型还有其他类型，包括**可变自动编码器**（Variational Autoencoders，VAEs）和**自回归模型**（Autoregressive Models）。可变自动编码器依赖于概率模型来生成输出，但是它的输出通常是对原始数据集的复制，而不是创建独特的东西。自回归模型可能仍是这些生成模型中探索较少的模型，但开始变得越来越流行。

局限性

在机器时代，对于个人乃至全人类，制衣是独一无二的最后避难所之一。

——克里斯汀·迪奥（Christian Dior），时尚设计师

我们没有理由相信生成模型将能够在不久的将来随时编写技术包。同样重要的是要记住，这是当前研究界正在探讨的主题，尽管该领域发展迅速，但生成模型还没有为商业化做好充分准备。

关于人工智能时尚设计师的声明确实触及了许多行业都在质疑的一些较大问题。在这个新时代中，如果机器可以接管我们目前负责的众多任务时，人工的作用又是什么？随着这项技术的发展，我们将从事哪些工作？时尚设计师会成为被淘汰的职业吗？时尚业中其他的工作呢？在第 12 章中将更详细地探讨和推测这一主题。

为什么选择生成对抗网络技术？

生成对抗网络技术向人工智能研究人员带来了希望，部分原因是它们具有使用无人监督技术完成复杂任务的能力。生成对抗网络之所以很有吸引力，是因为它们为以下领域复杂的自动化问题提供了潜在的解决方案：

- 摄影
  - 图片修补修饰：对有瑕疵的图片进行修补润饰或将有缺失的图片补充完整
  - 提高图形分辨率：通过填充信息将图像从低分辨率转换为高分辨率
- 设计
  - 汇总趋势：由目标受众生成的直观摘要
  - 样式风格转换：应用特定具有审美品质的样式风格
  - 图对图翻译：将草图转换成照片拍摄效果图，反之亦然
- 故事板制作
  - 文本到图片的转换：最终，经过训练的生成对抗网络可能足以将基于文本的输入信息转换成输出图片

诚然，以上列表中的应用领域并不全面，其中一些应用也是推测性的。生成对抗网络和所有人工智能领域的技术能力取决于人类在开发建设上的人力财力投入，要取得进展，就需要有积极进取的个人或团队来追求和完成许多任务，如果没有这些人，这些技术可能就会举步不前。

实施案例：人工智能时尚博主

目前生成对抗网络至少可以说是最适合以图片作为输出的案例。对于服装设计而言这具有挑战性，因为服装才是最终的输出而不是图片。

还有其他途径可以将生成对抗网络技术应用于时尚行业，例如时尚博主。图 8.5 中的图片是用时尚博主数据（从博主的 Instagram 账户中抓取的图片）训练的生成对抗网络所输出的信息。

时尚行业中的每一幅图片都不只是作为吸引眼球而存在，时尚博主们通过这些图片而创建了属于自己的行业。没有创建者建造的复杂网

络，大量时尚博主图片可能就不存在。

另外，在移动智能设备和社交媒体这两种技术兴起之前，时尚博客并不算是一个行业。有趣的是将人工智能作为创建者引入这一产业生态系统所产生的结果，以及它将如何重塑博客背后的经济。

图 8.5　从经过训练的深度卷积生成对抗网络（DCGAN）

输出的 64 像素的图像示例

工作原理

通过对一个简单的生成对抗网络示例进行描述是理解其工作原理的最简单方法。图 8.6 是一个具有 200 张图片的数据集。这些图片可能是来自时尚博主 Instagram 账户的图像。该数据用于训练第一个神经网络，即生成神经网络，该神经网络从头开始创建相似的图片。输出数据集是由生成神经网络（G）创建的 200 张图片的集合。这些不是真实的博主图片，而是由神经网络创建的，只是看起来像初始图片。创建完该数据集后，第二个神经网络将这个数据集作为输入，并返回一个概率值，用来表示这些图片来自初始数据集的概率。换句话说，第二个模型将图片分类为真实或仿造。生成对抗网络的目标是生成足够令人信服的图片，以使第二个神经网络相信生成的图片来自于真实世界，而不是第一个神经网络创建的图片。

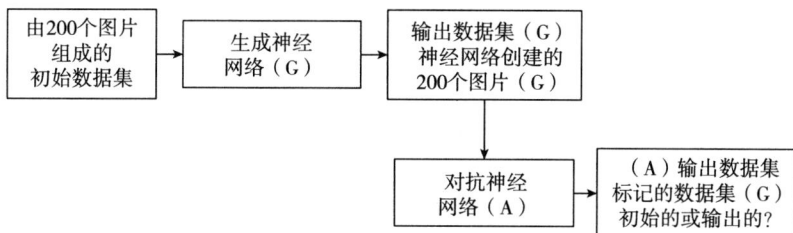

图 8.6　生成对抗网络示例

训练生成对抗网络

生成对抗网络由两个神经网络组成，训练生成对抗网络类似于训练任何其他神经网络。有关如何训练神经网络的更多信息，请参阅第4章。

训练生成对抗网络仍不是一个可以被广泛理解的过程。这个生成对抗网络时尚博主示例使用通过开源机器学习库 **PyTorch** 实现对生成对抗网络的训练，这个生成对抗网络被称为**深度卷积生成对抗网络**（Deep Convolution Generative Adversarial Networks，DCGANs）。训练生成对抗网络的第一件事是查找或收集大型高质量的数据集。图 8.7 展示了使用此方法的学习过程。

生成对抗网络每迭代一轮，它都会学习如何改进图片，从而使鉴别网络相信图片是真实的。**一轮**（Epoch）指对整个数据集的一个迭代训练。在具有大型数据集的示例中，该过程可能被视为不必要，但在该深度卷积生成对抗网络示例中，这一过程对于获得高质量结果至关重要。

改进结果

训练这些网络时，最容易控制的变量是数据集的大小和质量。出于多种原因，对数据集进行扩展使之多样化，多样化数据集将提高网络输出的图片质量。

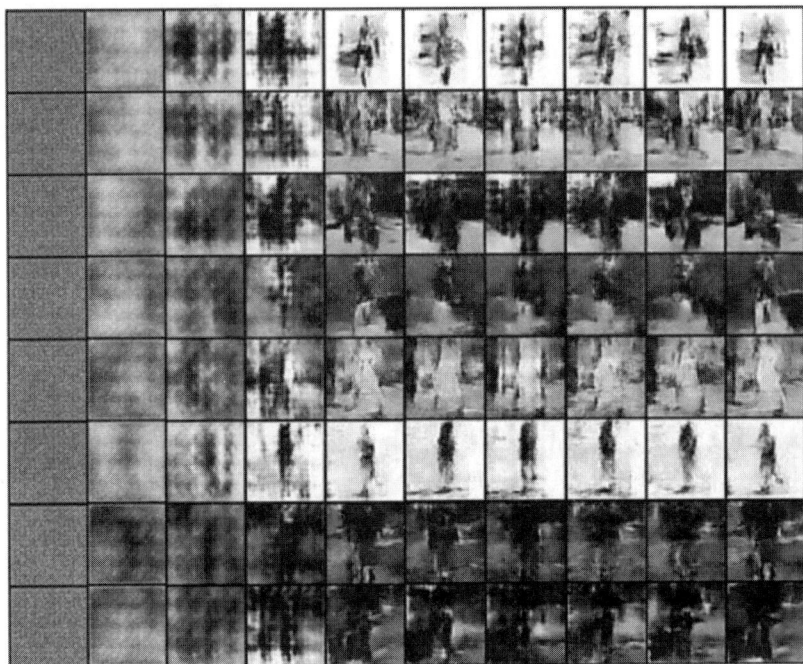

**图8.7　从左到右说明了学习过程的一组图片，随着对生成对抗网络
进行训练，每轮训练生成的时尚博主图片变得越来越逼真**

图片越多，出现过**拟合**问题的可能性就越小。在这种情况下，当数据输出与输入的拟合度太高时，就会发生过拟合。有时是由于数据集中的图片太少而造成的，从而使网络在其所有输出图片中都复制相同的图片。图8.8是一个过拟合的示例，同一张脸反复出现在生成的图片中。

就上下文而言，研究人员会将CIFAR-10（一个具有8000万张图像的图像数据集）视为一个大型数据集。在时尚博主示例中，使用的是大约3000张图片的数据集。

图 8.8 一个过拟合例子，同一张脸一次又一次地重复出现

生成对抗网络的未来

本章只是简略地介绍了使用生成模型可以完成的工作。尽管许多图片示例显示的分辨率都相当低，但是某些网络已经可以以更高的分辨率输出图片，并获得更逼真的结果。**叠加生成对抗网络**（Stack-GANs）和**渐进式增长生成对抗网络**（Progressive Growing GANs，PG-GANs）是支持此功能的网络示例。渐进式增长生成对抗网络示例输出如图 8.9 所示。

如今，就计算能力和研究人员时间而言，这些图片的生产成本很高，但是生成模型已迅速成为机器学习网络感兴趣的主题，它们的用途正在不断地增长和扩展，越来越多地用于解决新兴行业中的问题。

图 8.9　由渐进式增长生成对抗网络生成输出图片，由人工智能计算公司 Nvidia 于 2017 年末发布。该模型使用了名人头像进行训练

本章总结

如今，人工智能时尚设计师的前景预测可能更多的是炒作，而不是为做好生产而进行准备。但生成模型在时尚行业中具有广泛的应用潜力。从奥斯曼·斯拜等设计的图形生成和创意工具，到尼古拉·杰切夫和乌尔斯·伯格曼将服装的二维图片自动合成到人物图片上，对时尚产业使用的探索才刚刚开始。

生成模型仍然是研究的主题并很快获得了关注。要深入研究生成模型，我建议参考以下资源。

● "Generative Models" by Andre J. Karpathy et al.（OpenAI Blog, Nov. 28, 2017）：blog. openai. com/generative–models/

● *Deep Learning* by Ian Goodfellow et al.（MIT Press，2016）：www. deeplearningbook. org

● "Photo Editing with Generative Adversarial Networks（Part 1）" by

Greg Heinrich（Nvidia Developer Blog，April 20，2017）：https：//devblogs. nvidia. com/photo –editing –generative –adversarialnetworks –1/

本章术语

自回归模型（Autoregressive Models）：在给定的前一个像素的基础上，根据每个像素的条件分布训练神经网络。此方法与自然语言处理（NLP）中使用的方法相似，但是要迭代遍历像素而不是字符。

数据挖掘（Data Mining）：分析大型数据集以发现可能流行的模式的过程。有关更多信息，请参阅第 9 章。

深度卷积生成对抗网络（Deep Convolution Generative Adversarial Networks，DCGANs）：一种生成对抗网络，由亚历克·雷德福（Alec Radford）等于 2016 年首次提出。从那时起，这种神经网络系统的许多应用例子都在机器学习社区中浮出水面。

轮（Epoch）：一次数据集的迭代遍历。多次遍历一个数据集，尤其是对于小型数据集，可以帮助提高生成对抗网络输出的准确性。

生成对抗网络（Generative Adversarial Network，GAN）：一种生成模型，其中两个神经网络在进行对决，从而在无人监督的学习过程中产生了较高的准确性。

生成模型（Generative Model）：通常是指生成图片的模型，不过生成模型也可以用于创建其他类型的数据。

图到图翻译（Image–to–image Translation）：与语言翻译类似，是把一种类型的图片并将其转换为另一种类型的图片的过程。

过拟合（Overfitting）：当数据输出与输入太接近时发生。从理论上来讲，这意味着底层算法是为适应特定的特征集而量身定制的，应用范围较小。

Pix2pix：菲利普·伊索拉（Phillip Isola）等发布的网络体系结构的简写。允许用户使用条件生成对抗网络架构进行一般的图到图的转换。

渐进式增长生成对抗网络（Progressive Growing GANs，PG-GANs）：一种生成对抗网络体系结构概念，由人工智能计算公司 Nvidia 于 2017 年底发布。输出为 1024×1024 像素的图像，与真实图像没有区别，其模型用名人图像进行训练。

PyTorch：一个用于机器学习的 Python（通用编程语言）框架。通常，框架可以帮助软件工程师更快地开发和完善机器学习模型。

StackGAN：一种使用多个堆叠式生成对抗网络的系统以生成更高质量的输出（如高分辨率图像）的方法。

可变自动编码器（Variational Autoencoders，VAEs）：一种生成模型，由编码器、解码器和损失函数组成。它们与生成对抗网络的工作原理相似，也由一组神经网络组成，可以测量网络生成过程中的测量损失并不断改进模型。

第 9 章

数据挖掘和趋势预测

时尚褪色，而风格却永恒。

——伊夫·圣·罗兰（Yves Saint Laurent），时尚设计师

趋势预测一直是一个难以捉摸的行业，大型品牌商向咨询公司支付巨额费用，以向它们寻求有关未来的建议。这种预测在艺术与科学之间切换，品牌商们投资于各种预测咨询，从趋势预测咨询公司 K – HOLE（最初是作为艺术团体对企业界进行评论）到康奈尔大学（Cornell University）的研究人员，这些人都利用社交媒体数据来研究世界各地的时尚人类学。

如今，社交媒体平台提供了一个汇总信息的地方，为数据挖掘留下了宝库。至少在了解和预测推动时尚业发展的文化趋势时，这些数据可以作为用来解开难题的科学依据。

趋势预测

潮到最后会成俗。

——卡尔·拉格菲尔德（Karl Lagerfeld），时尚设计师

趋势预测的传统方法包括依靠销售数据和趋势报告，通常是品牌如

何了解客户的需求和行为的方法。在当今这个数字个性化和社交媒体时代，消费者的需求正在改变他们的购买行为。趋势是从文化中涌现的，而不是来自少数的关键人物。这种变化使营销人员和设计师难以跟上转瞬即逝的客户需求。

在时尚界，一个季的时尚设计过程可能始于趋势预测机构，例如纽约的权威趋势机构 WGSN（Worth Global Style Network）。预测的趋势最终将掌握在该行业的数十名（甚至数百名）设计师手中。颜色趋势会传播给纺织品设计师和制造商，预测会比其他方式更能推动供应。

同时，消费者可能已经在 Twitter、Instagram 或 Facebook 等公共论坛上表达了与这些趋势有关的观点，例如可能已经对设计师为下一季设计中选择的占主导地位的颜色表示了厌倦。

社交网络

我有一个强大的支持网络——我的家人、模特经纪公司 Storm 以及时尚产业的同仁们。当然，在 Twitter 上的粉丝让我不再感到孤独。我爱他们，他们给我脚踏实地的力量。

——卡拉·迪瓦伊（Cara Delevingne），模特，演员

2017 年，康奈尔大学的研究人员发表了一篇题为《街拍风格：从数百万张照片中探索全球服装风格》（*StreetStyle：Exploring Worldwide Clothing Styles from Millions of Photos*）的论文，其中主要的假设是，借助于用户在社交媒体上上传的数百万张图像，他们可以根据用户的服装穿着得出在本地和全球的服装趋势。他们的做法是从人类学角度来研究剖析服装在时间、地点和风格上的差异。论文中的某些发现可能太宽泛，无法为时尚品牌创建可行的趋势见解，但是该论文的思想和许多方法为

品牌商提供了一种使用 Instagram 和其他社交媒体平台的数据来实时了解其客户穿着的方法。

康奈尔大学不是 2017 年唯一一家关注社交媒体和时尚的大学。实际上，在这些领域中基于时尚的研究已经有了很大的增长。伊利诺伊大学（University of Illinois）的多丽丝·李正霖（Doris Jung – Lin Lee）（音译）等以及其他一些人也在该领域进行了研究。

时尚为什么成为如此有趣的话题？在某种程度上，是因为社交媒体对该行业的影响力不断增强，这意味着对构成社交媒体行业的技术平台的依赖性也日益增强。

在许多方面，社交媒体为更多的人提供了一种途径，使他们可以在这个曾经被少数人严格把控的行业中拥有发言权。然而，在这种支离破碎的环境中，网红营销的兴起已赋予了一大批在时尚界之外运作的个人力量。这些影响者代表着社区中的利基人群，占据着有关风格样式、颜色和其他流行时尚细节的主要话语权。

社交媒体挖掘

社交媒体平台充当有关消费者对可用产品和已购买产品的感受的数据来源。随之而来的是有关一切的公开讨论。在时尚行业，这些数据以文本、图片和视频的形式出现，可用于预测趋势。关于此过程最令人困惑的部分之一就是知道哪些数据有价值以及如何获取这些数据。

可能没有人比一个品牌商更了解自己品牌的客户群了。为了弄清楚哪些数据有价值，每个人都有自己的方法，但没有一种方法适合所有人。社交媒体的有用之处在于，用户是网络的一部分，我们可以通过一个用户关注的其他顾客以及由关注他的顾客来了解该用户。在某些情况下，这是寻找最能代表影响客户行为趋势的人群的有效方法。

想要找到有价值的数据，首先要搞清楚从哪里寻找。多丽丝·李正霖等在《识别社交网络中的时尚用户》（*Identifying Fashion Accounts in Social Networks*）一文中，提出了"滚雪球"方法在 Twitter 上查找时尚用户，类似于前述的在社交媒体上寻找用户的方法。在论文中，他们提到了两种通过 Twitter 获得初始数据访问权限的技术：使用 Twitter 的应用程序接口（API）和从账户页面抓取 Twitter 内容。

什么是数据挖掘？

第 1 章介绍的数据挖掘是大型数据集里发现模式的过程。数据挖掘中使用的方法与预测分析中使用的方法之间有很多重叠之处，但是它们并不是相似的术语。数据挖掘方法和工具可以为预测分析提供构建块，但是预测分析可以进一步扩展到数据挖掘之外的其他过程。

可以将数据挖掘视为发现项目原材料的步骤，这些是构建内容所需的组件。数据挖掘过程使你可以浏览收集数据，并通过算法选择仅对正在处理的应用有用的数据。

打个比方，假设你已经收集了一个织物仓库，但是它们是以随机顺序存储的。你需要选择正确的面料来制作轻便的衬衫。你需要遍历随机存储的面料的仓库，并且必须逐个确定每种面料的特征。然后你将遍历每个对象来决定要使用哪个，这个过程将花费很长时间。

相反，你可以选择在此阶段使用数据挖掘只选择与你要实现的目标有关的结构。也许你可以先过滤掉除轻质面料之外的面料，再在结果中搜索具有缎纹编织的面料。你还可以找到以前在上衣中使用过的织物，或者具有与以前在上衣中使用过的其他织物类似性能的织物。

应用程序接口

那到底如何获得所需的数据呢？大多数社交媒体平台都提供**公共应**

用程序接口（Application Programming Interfaces，APIs）。第 2 章在讨论与自然语言处理有关的内容中简要提到了应用程序接口 API。API 是基于编程语言构建的结构，抽象了复杂的代码，并提供一些可供程序开发人员直接使用的简单接口规则。通过 API，程序开发人员可以更容易地创建复杂的功能。它可用作应用程序之间的通信层。

在常见的软件网络体系结构中，你可能希望将**前端**界面（顾客在浏览器中与之交互的可视部分）与**后端**数据库和包含业务逻辑的应用程序分开。为了使这两个单独的区域进行交互，你可以创建一个充当两者之间桥梁的 API。该 API 将具有许多**接口**，这些接口的特定目的是允许前端用户界面组件与后端数据库中的数据进行交互。这种系统的映射类似于图 9.1。

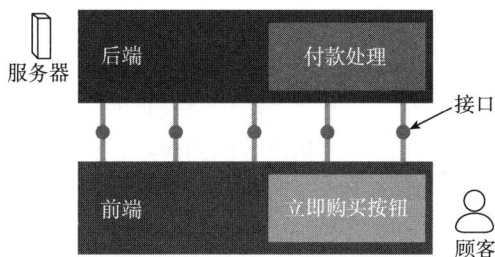

图 9.1　通用网络应用程序体系结构简化图

顾客从网站的前端界面可以执行一些操作，例如单击"立即购买"按钮，这将触发后端的付款处理程序。

然后后端可能会与其他公司中与你使用的服务相关的 API 进行对话。例如，一种常见的付款处理服务 Stripe。在图 9.1 中，后端的付款处理应用程序将与 Stripe 的 API 接口连接以执行所需的任务。这一应用架构之所以具有优势是因为通过这些 API 接口你可以访问在后端运行的程序，从而允许在你的 API 之上构建其他服务和平台。

API 还有其他用途，如对提供类似 Twitter 的内容数据库提供访问。在社交媒体的示例中，Twitter 等公司均提供 API 接口，可以以一种易于通过编程进行收集和分析的形式访问推文（tweets）数据。这意味着对于某个主题或主题标签，你可以浏览公共推文，并使用自然语言处理技术分析营销活动的总体反响，而无须人工阅读一条条推文。实际上你可以在网上找到许多为实现这一目的而编写的程序脚本示例。

网站数据抓取

对于某些不提供公共 API 的网站或 API 受到限制的平台的应用，网站数据抓取可能会提供一个替代方案。

网站数据抓取是一种通过编程方式从网站上提取大量数据而无须使用 API 的方法。数据可以有不同的格式和主题，包括单词、表格、主题标签、数字、注释和图片等。网站数据抓取通常是创建大型数据集的必要组成部分，可以使用机器学习和其他人工智能技术对其进行进一步分析。与通过 API 进行编程访问相比，网站数据抓取通常不那么可靠而且更难以实现。网站数据抓取工具依赖于网站的结构保持不变。即使站点的变化很小，仍然可能会破坏抓取工具。

作为免责声明，许多公司禁止未经允许的情况下抓取它们的网站内容。不必要地抓取还会导致站点可靠性出现问题：如果尝试一次获取太多数据，则可能会破坏网站的其他用户。公司的服务条款可能还会使你陷入法律麻烦。如果你正在雄心勃勃地计划着进行网站数据抓取项目，可以考虑在此之前先咨询律师。

Betty & Ruth 时尚品牌趋势研究

高质量的数据对于我们在 Betty & Ruth 实施的所有技术确实非常重

要。我们经常使用网站数据抓取来帮助获取进行趋势研究的最佳数据集。

假设我们正在寻找来自 Instagram 的图片，并且希望找到与我们品牌的目标受众有关的用户。对于 Betty & Ruth 而言，我们的目标是发现趋势并预测我们的顾客下个服装季打算购买什么。

我们的策略可能是希望从与我们的顾客密切相关的特定影响者那里获取数据。我们可以识别在图片描述或主题标签中使用某些短语的账户，例如，时尚博主、造型风格博主、时尚穿搭（ootd）、时尚潮流（sheco）和极简时尚。然后，我们可以通过搜索特定位置、关注者人数或按提及的品牌的用户账户进行过滤，来进一步优化影响者群体。甚至在获得图片本身之前，可能要经过好几个阶段将数据缩小到我们想要的范围。

之后，我们可以使用这些特定账户并从其页面中抓取数据或访问 Instagram 的 API。如果我们希望收集大量数据，则可以编写代码来做到这一点。如果我们不需要太多数据，就使用一些浏览器扩展程序将图片从网页存储到本地计算机的文件夹中。

网络爬虫

网络爬虫或**站点爬虫**（在第 2 章中提到过）提供了一种以系统方式从网站自动提取信息的方法。如果你的项目需要每天更新的数据，则网络爬虫可能是收集数据的最有效方法。

网络爬虫是互联网上必不可少的工具。Google 和其他搜索引擎使用网络爬虫在其搜索页面上提供不断更新的信息。你经常会听到人们称网络爬虫为"蜘蛛"，因为它们在网络中"爬行"并检查站点。

数据挖掘和网络爬虫协同工作的方式是：可以将网络爬虫用作数据

挖掘的第一步，以收集所需的原始数据。

数据仓库

收集完数据后，这些数据将存储在哪里？答案很可能是：**数据仓库**。数据仓库是用于存储公司的数据的、基于软件的中心场所，为了存储大量数据，它可以包含一个或多个数据库，对数据仓库进行优化有助于提高数据报告和数据分析的质量。

数据仓库所依赖的硬件称为**服务器**。服务器是存储数据和处理请求的计算机。这些服务器通常位于**服务器农场**（也称为**数据中心**）中。图 9.2 说明了这些概念之间的关系。

图9.2　数据库、数据仓库、服务器和数据中心（或服务器农场）之间的关系。左侧是软件组件，右侧是支撑这些软件组件的物理硬件

对于快速的项目和实验，你不需要设置数据仓库。数据仓库是你在寻求扩展已被证明有效的解决方案时使用的一种优化方法。

在生产中，数据将通过数据管道进行传输。数据管道是将数据从一种状态转换为另一种状态的一系列程序。在此示例中，流程将原始数据转换为分析人员可以用来创建趋势报告的数据。数据从网站、第三方网站和 API 开始，然后移至要处理的服务器或程序。然后就被存储在数据仓库中。分析人员可以通过访问这些数据来创建趋势报告。这个过程可以在图 9.3 中看到。

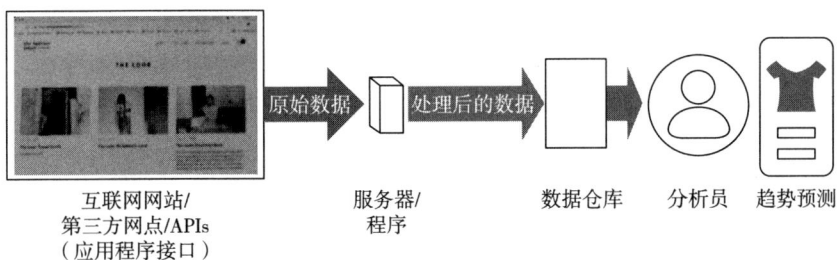

互联网网站/　　　　　　　　服务器/　　　　　　数据仓库　分析员　趋势预测
第三方网点/APIs　　　　　　程序
（应用程序接口）

图 9.3　简化数据管道

本章总结

社交媒体数据可用来了解平台上特定的用户群体。对于时尚品牌商来说，这种分析可以帮助对顾客需求有更深刻的理解，尤其是对情感和影响者营销的分析。

有多种方法可用于提取数据，尤其是从社交媒体网站中提取数据。API、网站数据抓取和网络爬虫都是可行的办法，具体取决于项目和要从中收集信息的平台的要求。这些数据收集方法均可满足不同的需求，使用 API 可以轻松访问平台上的结构化数据，但它们可能会对数据及其使用方式有所限制。网站数据抓取可以提供比 API 更灵活的访问权限，但是它可能具有工程和法律限制。网络爬虫则提供重复访问。

收集了所有这些数据之后，数据仓库是一种存储这些数据的常用方法。与其他类型的存储相反，此方法针对数据分析和报告进行了优化，这可能更适合于简单地检索信息或运行程序脚本。

本章术语

应用程序编程接口（Application Programming Interface，API）——软件体系结构的通信层。

后端（Back End）：软件或网络体系结构的一部分，通常包含数据和业务逻辑。后端可能运行简单的脚本来完成任务或将信息返回给前端。它还可能运行与外部服务（例如付款处理器）连接的程序脚本。

数据中心（Data Center）：维护和运行服务器的物理场所。另请参阅服务器农场。

数据仓库（Data Warehouse）：通常以数据库的形式存储数据资源的地方。此类存储结构已针对分析和报告进行了优化。

端点（Endpoint）：API 的访问点，允许程序员编写使用后端脚本和服务的代码。

前端（Front End）：网络应用程序或其他软件应用程序的图形用户界面。

服务器（Server）：通常用于向称为客户端的其他设备提供信息或服务之类的功能的计算机程序。

服务器农场（Server Farm）：维护和大规模运行服务器的物理场所。另请参阅数据中心。

站点爬虫（Site Crawler）：运行以系统方式从站点收集数据的程序脚本。它们对于需要不断更新数据的项目很有用。也称网络爬虫。

网络爬虫（Web Crawler）：参见站点爬虫。

网站数据抓取（Web Scraping）：一个通用术语，指从网站中提取数据。

第五篇
供应链

第 10 章

深度学习和需求预测

机器学习驱动着用于需求预测、产品搜索排名、产品和交易推荐、商品陈列、欺诈检测以及翻译等算法。

——杰夫·贝佐斯（Jeff Bezos），亚马逊首席执行官

需求预测是预测分析的一个分支，其重点是了解消费者对商品和服务的需求。如果了解了需求，品牌商就可以控制其库存，以避免产品库存过多或不足。尽管没有完美的预测模型，但需求预测作为一种工具，可以帮助时尚公司更好地为即将到来的时装季做好准备。

对于时尚品牌商来说，估算需要生产的库存量可能是一个复杂的事情，需要结合历史数据、运用直觉并预测时尚趋势。订购过多的特定服装样式可能会导致品牌效率低下。当商品在零售店打折时，公司利润就会减少。如果产品不流通，就会导致全部亏损。时尚业每年花在需求预测策略上的投资可能价值数十亿美元。生产过剩造成的浪费既是金融灾难，也是环境灾难。

尽管需求预测仍然是一个挑战，但是机器学习的发展已经为此带来了巨大的改进。在本章中，我们将探讨时尚需求预测中的深度学习。

什么是需求预测?

预测是时尚行业中的一个普遍话题,可以解决诸如容量规划、库存保持和定价策略之类的需求。用最简单的术语来说,需求预测可以估算未来的销售量。预测包括长期计划(例如,我们今年将产生多少收入,以及明年我们应该如何增加劳动力)以及短期计划(例如,今年我们将购入多少这种款式的衬衫)。在本章中,我们将讨论后者,尽管其中许多技术都可以应用于两者。

容量规划和库存保持通常会随时间推移而波动。用于预测这些未来需求的预测技术依赖于**时间序列数据**,即一段时间内连续的数据。这种类型的预测称为**时间序列预测**。

预测方法

需求预测本身就是一个完整的领域。有很多预测需求的方法,从定性方法到定量方法,使用的方法有平均值、时间序列分析、民意调查以及包括深度神经网络在内的机器学习方法。根据不同的数据类型,每种方法都有自己的优势。

预测时尚挑战

在整个零售领域,需求预测已成为一个关键工具。对于其产品可能在几天内就过期的杂货店,预测需求会从根本上改变利润率。对于时尚来说尽管在某些方面它更复杂,但这个想法没有太大区别。因为不断推出新产品,而季节性趋势又增加了不可预测性,这些原因导致了可靠历史数据的匮乏。时尚界需要克服的挑战包括生产过剩、过季、快而短的时装季以及不可预测的消费者行为。

生产过剩

随着生产过剩这一缺点越来越不利于服装品牌，整个行业已开始调整以适应这种情况。其变化之一是朝着垂直整合的方向发展，这导致整个产业组织的响应时间更快。一些专家建议，最好的解决方案是建立灵活的制造基础设施，使行业能够实时响应不断变化的需求。虽然弹性制造确实提供了解决同一问题的方法，但不一定能替代原来的方法。改进预测可以提供短期缓解，并减少浪费和支出。

快而短的时装季

了解需求在时尚行业中至关重要，部分原因是产品生命周期短、销售旺季短并且补货周期长。对于像 Zara 这样的主要零售商来说，每个时装季很短，所有款式的服装在几个星期内就可销售一空，一年大约有 20 个服装季。

尽管时尚产品不会真的过期，但顾客对这些商品的渴望却会消失。随着时尚业中的商品越来越多地被当成消耗品，它们的使用时间线已缩短。

在某些方面，这消除了对创造力和自我表达的渴望。在其他方面，它可能也说明了其中的一个弊端，我们消费得越多，产生的垃圾就越多。

消费者行为

这一领域的消费者行为受情感驱动，通常是非常冲动的。购买模式也受到外部因素的极大影响，波动性很大，甚至天气和新闻也会极大地影响销售。除了所有这些挑战之外，产品本身在款式、颜色、表面处理、印刷以及许多变量方面都有广泛的多样性。

非预测解决方案

由于无法准确预测个人对时尚产品的需求，品牌商和零售商不得不采取措施来创造需求。创造或控制需求的最直接方法之一就是改变价格。

价格预测

在产品销售过程中，一个常见的优化变量是价格。如果有一件产品一直热销，那么你就有机会提高该产品的价格。另外，如果某件产品卖不出去，降低价格则可能是一个能够帮助增加该商品销量的最简单方法。降价促销是在时尚界解决库存管理的通用技术。

从历史上看，定价策略是依赖于加价成本、竞争性定价以及商家对客户将支付多少钱的判断或直觉的组合。这种策略有其缺点，因为它依赖于通常无法衡量的方法。

我们在这里提到的价格是控制需求的一种非预测性策略，但是这种关系也可能相反。通过解读相关的信息（包括竞争对手数据、历史数据或类似物品的销售），可以预测以确定产品的最佳价格。

深度学习

这里是关于深度学习的一个比喻：如果把火箭发动机比作深度学习模型，那么燃料则是提供给这些算法的大量数据。

——吴恩达（Andrew Ng），人工智能基金普通合伙人深度学习到底如何帮助解决时尚业需求预测中的一些复杂挑战？深度学习已被用来处理复杂的问题，其中包含许多难以手动建模的变量。这些技术在数据丰富的环境中或在有大量数据的用例中效果最佳。

与线性模型相比，深层神经网络具有产生更准确的预测潜力，因为在涉及这些问题的复杂性时它们具有兼容性。深度学习方法的主要缺点之一是难以解释算法如何得出结果，这对于业务决策来说至关重要。

什么是深度学习？

深度学习是机器学习的一个特殊子集。深度学习通常是指在大型数据集上训练的大型神经网络。深度学习不仅在时尚业和零售业中广泛使用，而且在医学、自动汽车驾驶等领域中也得到广泛应用。尽管深度学习被广泛认为可以用来生成图像，如第 8 章中所述的生成对抗网络，但它也可以用于其他任务。

实际上，本书中讨论的一些技术，如深度神经网络、卷积神经网络和递归神经网络都可以归类于深度学习。

基本机器学习和深度学习之间的区别很难定义。一种解释是，基本机器学习倾向于更具体的任务，而深度学习则更多地基于学习。深度学习包含具有更多隐藏层的神经网络。

传统方法通常依赖于**线性回归模型**来进行需求预测，由于时尚行业混乱，其在这方面的成功率较低。尽管这些可以在高层级别提供一些需求预估，但是其结果不足以用来辨识预测未来的情况。

拟合需求曲线被用来获得高辨识度的预测。机器学习主要集中在**曲线拟合**上，目的是更精确地跟踪图形所表示现实情况。图 10.1 展示了在现实世界中线性模型和机器学习模型的外观曲线形状。

需求预测的深度学习

神经网络在需求预测中提供了更大的灵活性，因为它们是非线性模型，可以接受很多可变因素，然后输出简单的预测。但是训练数据会极大地影响它们的效率，如果没有大量高质量的数据，这些模型可能很难执行。这实际上是使用深度神经网络进行需求预测的主要低效之处，其数据效率不是很高。

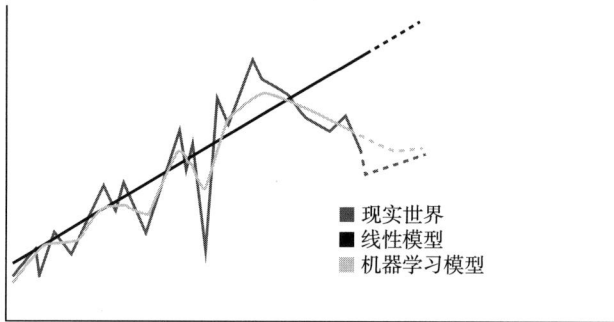

图 10.1　机器学习模型中的复杂曲线拟合可以更接近现实世界，线性回归模型中的平均值过于简化

长短期记忆（Long Short–Term Memory，LSTM）技术是用于时间序列预测的深度学习模型中讨论最多的一种。长短期记忆是一种递归神经网络，具有独特的类似于记忆的行为，使它们能够更好地进行模式学习。

小数据集的技术

尽管数据是所有机器学习的重要方面，但数据量较小的公司仍可以通过**迁移学习**（Transfer Learning）和其他专门针对小数据集的预测模型来应用深度学习。

迁移学习

在迁移学习（一种专门针对深度学习问题的方法）中，使用经过预训练的模型来引导另一个更具体的模型。这大大减少了执行任务所需的计算量和时间。它不仅适用于预测，还适用于其他深度学习应用。

迁移学习还可以被当作一种设计方法论。它并不涉及模型本身的差异，而是指模型的训练和运行方式。与其从零开始，还不如从经过类似任务数据训练的模型开始。例如，如果你训练了图片分类器来识别图片是否包含运动鞋，则可以使用该预训练模型来识别其他物品（例如靴子）。设计方法的差异如图 10.2 所示。

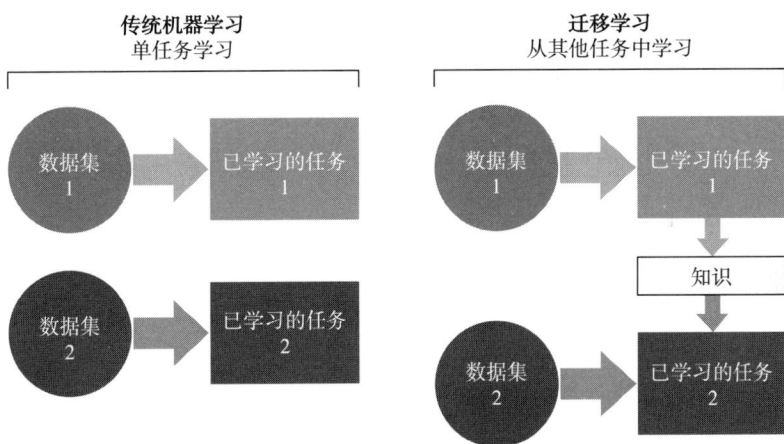

图 10.2 迁移学习与传统机器学习比较

迁移学习不仅是针对小型数据集的解决方案，而且可以作为充分利用与预测相关性较低的旧数据的一种方法。一个品牌商在 1990 年销售的产品可能与今天的产品无关，但是这些数据仍然可以用于训练预测模型。

其他预测模型

对于哪种模型最适合预测于应用，现在还存在着相互矛盾的实验和意见。虽然像长短期记忆这样的深度学习方法对于具有大量数据的应用似乎很好用，然而在某些用例中，其他模型可能会优于长短期记忆方法。

本章重点将深度学习作为一种需求预测方法来解释。但是还有其他预测模型，包括**自回归综合移动平均**（Autoregressive Integrated Moving Average，ARIMA）和**先知**（Prophet）预测模型。

自回归综合移动平均预测模型

自回归综合移动平均名称的每个部分都解释了模型的工作内容。"自回归"（Autoregression，AR）表示一个变化的变量，"综合"（Integrated，I）表示取当前值与先前值之间的差值，**"移动平均"**（Moving Average，MA）表示滞后平均值，例如三天平均值，其中位于图表中的每个点都包含前三天的平均值。直到最近，自回归综合移动平均模型还是最先进的预测方法。

先知预测模型

2017 年，Facebook 发布了其开源预测模型先知（Prophet）。与深度学习提出的饥饿数据模型相比，先知模型的数据效率更高，对于季节性数据也非常有用。

先知代表了一种"回路分析师"方法，可以将其视为由机器辅助而增强的人工分析模型。创建模型时，一个训练有素且理解数据的分析师会使模型变得更好，这一点很重要，因为质量预测需要高度专业化的人员，然而这样的人才恰恰非常稀少。先知模型通过让机器完成相当好的工作，并由一个训练不足的分析师来填补空白，从而弥补了这一差距。通过这种方法就能减少获得良好预测的障碍。因为它允许分析师输入异常数据（例如节假日和其他难以建模的特性），所以非常有用。

每种方法都有其利弊得失，图 10.3 从高层级别展示了四种方法及其优缺点。

模型	优点	缺点
线性回归	• 易于理解 • 可以处理不同组成部分	• 对异常值敏感 • 大量的假设
自回归综合移动平均	• 易于理解 • 与历史数据吻合得很好 • 无偏预测	• 对异常值敏感 • 预测范围小
先知	• 易于理解 • 允许分析师介入 • 数据高效 • 快速	• 对季节敏感 • 对数据格式有要求
深度学习 　神经网络 　长短期记忆 　迁移学习	• 可以接受许多复杂的变量 • 发现非线性模式 • 预测功能强大 • 易于自动化	• 难以理解 • 需要大量数据

图 10.3　本章讨论的预测方法及其优缺点

虽然深度学习和其他机器学习技术在需求预测方面很有用，但它们只是一种工具。特定行业中的高级分析师对某个领域具有深入的了解，而他们在该领域的知识通常不会在数据中被捕获，有时甚至可能与数据背道而驰。某些模型（例如先知）并没有忽略在这些情况下分析师的知识并盲目地遵循机器的预测，而是将分析师包括于模型回路中。

本章总结

需求预测是一项长期的挑战，尤其是在时尚方面，这要求对实物产品的生产进行库存和资源规划。短季节和不规则的顾客行为使该行业的需求更加难以预测。

深度学习模型用于需求预测仍然是一个新兴领域，每年都会有新研究结果提出并在加以改进。虽然目前还没有完美的预测模型，但是即使在不稳定的市场中，这些工具也可以帮助预测需求。

需求预测是一个复杂而细微的领域。你可以通过以下书籍了解更多信息：

- *Forecasting：Principles and Practice* by Rob J. Hyndman and George Athanasopoulos（OTexts，2018）

- *Applied Predictive Modeling* by Max Kuhn and Kjell Johnson（Springer，2016）

感谢 Tesserai 的创始人亚当·布亨格尔为本章提供有关机器学习和需求预测的专家建议。

本章术语

自回归综合移动平均（Autoregressive Integrated Moving Average，ARIMA）：一种不涉及机器学习的预测时间序列数据的常用方法。

曲线拟合（Curve Fitting）：一种找到最接近数据模型方程的方法。与线性回归相比，曲线拟合需要更复杂的公式来表示数据点之间的关系。

深度学习（Deep Learning）：机器学习中的一个领域，通常是指由许多层组成的神经网络。

需求预测（Demand Forecasting）：预测分析的一部分，其重点是使用经过历史数据训练的模型来理解和预测对商品和服务的未来需求。

线性回归（Linear Regression）：统计中的一种简单汇总工具，通过在地图上的一系列点连接一条线来求平均。

长短期记忆（Long Short–Term Memory，LSTM）：由长短期记忆单元组成的神经网络。这些单元包含单元之间记忆的数学表示。长短期记忆并不是通过网络的线性路径，而是根据与模型关联的输入、输出和遗忘门来创建不同的路径。它使网络具有类似于记忆的特质。

移动平均（Moving Average）：取先前的时间间隔并进行平均，以尝试更接近地表示一段时间内的趋势。

先知（Prophet）：Facebook 在 2017 年发布的一种开源预测工具。这是一种可加性回归模型，其中分析师可以轻松调整某些变量以改善预测。

时间序列数据（Time–series Data）：在设定的时间间隔内连续收集的数据。

时间序列预测（Time–series Forecasting）：根据一段时间内收集到的数据预测未来事件。

迁移学习（Transfer Learning）：一种方法论，在一个数据集上训练神经网络并存储得到的知识，然后将其应用于不同但相似的问题。

第11章

机器人技术与制造

　　讨论关于机器人的话题可以是一场或奇妙或实用的对话，具体取决于与谁交谈。长期以来，科幻小说的作者们一直梦想着机器人可能看起来像我们，像我们一样说话、像我们一样思考并统治整个世界。实际上，在机器人技术领域制造的大多数机器与电视上的描绘无关。当今工业上最有用的机器人不是类人动物，不是两足动物（用两条腿走路），它们不会说话，不会像人一样思考。

大众文化中的机器人

　　我们着迷于机器人，因为它们就像是我们自己的影子。

　　　　——肯·戈德伯格（Ken Goldberg），加州大学伯克利分校教授

　　大众文化中的机器人为消费者提供了仿人形机器人的形象，那些机器人看起来像斯嘉丽·约翰逊（Scarlett Johansson）一样美丽，或者像电影《终结者》（*Terminator*）中的刺客。我们应该对这些描述提出质疑：它们既不准确，又会对社会产生负面影响。

　　通过这种方式描绘机器人，我们无法准确地表述机器人的能力。媒体的展现方式只会激起恐惧，而不是激发好奇心。在医学上，达芬奇机器人（见图 11.1）能够比人以更高的精度完成操作。在太空中（见图

11.1），机遇号漫游车是按照仅能存活几周这个标准来制造的，但它持续将视频回传到地球已经超过 13 年了。这些机器人看上去并不像《银翼杀手》中的复制品，但它们在各自领域取得了进步，而且对人类没有构成任何威胁。

另外，事实证明建造人形机器人或拟人化机器人可以增强消费者对这些机器的信任。在某些情况下，例如老人护理，如果我们能够越过**恐怖谷**，这便是一个积极的目标。

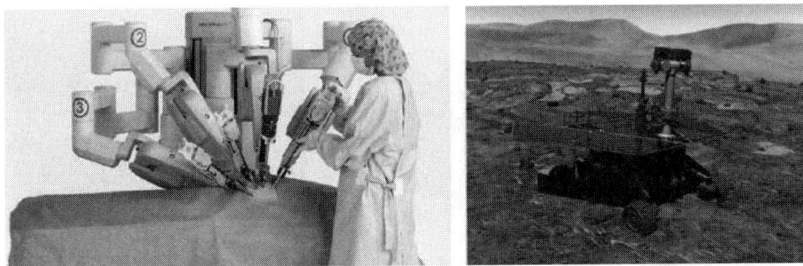

图 11.1 达芬奇机器人（左）和机遇号漫游车（右）。图片分别由达芬奇和 NASA/JPL 提供

机器人与女性

我可以爱，可以说话，没有别人操控我。你给了我眼睛，所以我现在看见了。我不是你的机器人。我就是我。

——麦莉·赛勒斯（Miley Cyrus），歌手兼词曲作者，*Robot* 的歌词

将机器人描述成人类对许多人的职业和个人生活造成了道德影响。这种影响最明显的例子之一就是性别表现。在好莱坞电影和人工智能助手中将女性刻画为性感、无威胁且被动的机器人是不道德的。我并不是第一个指出这一点的人。

我们经常为人工智能助手分配女性名称，例如亚历克莎（Alexa）、西瑞（Siri）或小娜（Cortana）。我们会看到带有女性化机器人角色的电影，例如《银翼杀手》中的雷切尔（Rachel），《机械姬》（*Ex Machina*）中的艾娃（Ava，见图 11.2）以及《她》（*Her*）中的萨曼莎（Samantha）。我们甚至建造了娱乐或休闲用的女性机器人，例如图 11.2 中的汉森机器人公司（Hanson Robotics）的索菲亚（Sophia），还有 Project Aiko、EveR、Actroid 等。

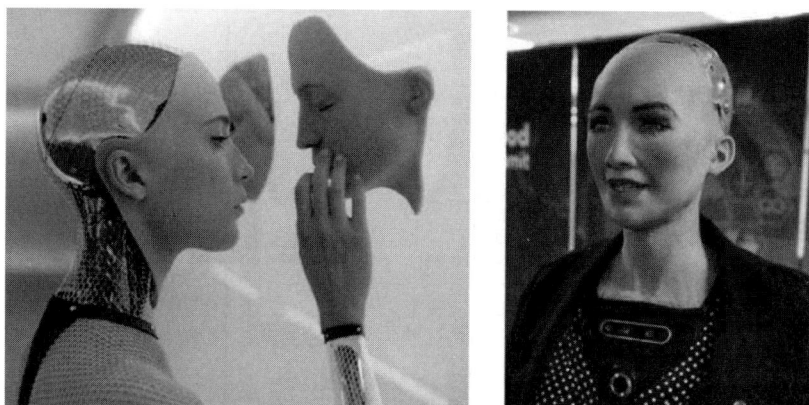

图 11.2　剧情片《机械姬》中的艾娃（左）和汉森机器人公司的索菲亚（右）。索菲亚图片由来自瑞士日内瓦的国际电联图片社提供

这并不是说没有男性机器人。《2001 太空漫游》（*2001：A Space Odyssey*）中的 HAL 900 是众多示例之一。问题是，为什么代表女性的机器人是性化的仆人，而不是因为她们自己有出色的成就？为什么**女性机器人**（fembot）一词没有男性等效词？

你可能不同意这个前提，但重点在于当我们将这些思想和机器推向世界时，没有人可以免责。作为创作者，我们应该考虑所呈现的内容及其对周围人的心理的影响。在我们的文化中已经存在了普遍的偏见。在我们生活和使用的设备中传播这些想法，给其用户留下了深刻印象，那么创作者就是负责这些设备所产生影响的那个人。

想想看，人类是地球上唯一能够创造出一个看起来像他们并被欺骗的机器物种，这真的很幽默。

什么是机器人？

机器人这一术语已经被广泛地应用于多种设备。即使在行业专家中，关于如何真正定义机器人一直存在争论。有些人将机器人简单地描述为执行复杂动作的可编程机器。而对于其他人来说，机器人实际上是在物理世界中采取行动的人工智能的物理化身。自主这个词作为一个描述词经常出现。简而言之，没有完美的定义。

机器人分类

有许多方法可以对机器人进行分类。它们可以按行业进行组织，例如医疗、航天、娱乐和制造业。也可以通过移动方式来组织，如通过轮子、步行、飞行、游泳或静止不动。

在制造业中，我们通常指的是**工业机器人**。这些是专门用于功能性任务的机器人，例如在工厂或仓库中移动和组装零件。它们通常是固定的，并且根据执行的任务类型通常固定在地面上。

工业机器人

工业机器人最初是为各种各样的任务而制造的，这些任务通常涉及刚性机械零件。这些机器一般执行的操作类型是焊接、组装、检查、包装和去毛刺。这些操作基本都与片状或块状的材料（例如塑料、金属和纸板）有关。

关节式机器人

最普遍的工业机器人是**关节式机器人**。通常这种类型的机器人是具有多个**自由度的关节臂**。关节式机器人可以用于非常复杂的任务。这些机器人的身体称为**操纵臂**。

为特定任务选择正确的机器人很重要。大多数机械臂的**有效负载能力**很低，这意味着它们无法将超过一定重量的东西举起。在时尚产业中，这通常都不是问题，因为服装的重量通常不会太重。但在处理重金属（例如金属块）的其他行业中，有效负载容量可能会是主要的生产限制。

机器人上通常有五个主要部件：**控制系统、传感器、执行器、电源和末端执行器**。图 11.3 展示了关节式机器人机械臂部件的示意图。该图中未显示控制系统和传感器，因为这些组件可以安装在手臂上的各个位置。控制系统（也称为控制器）通常位于底座中，根据应用情况，传感器可以集成在整个手臂中。

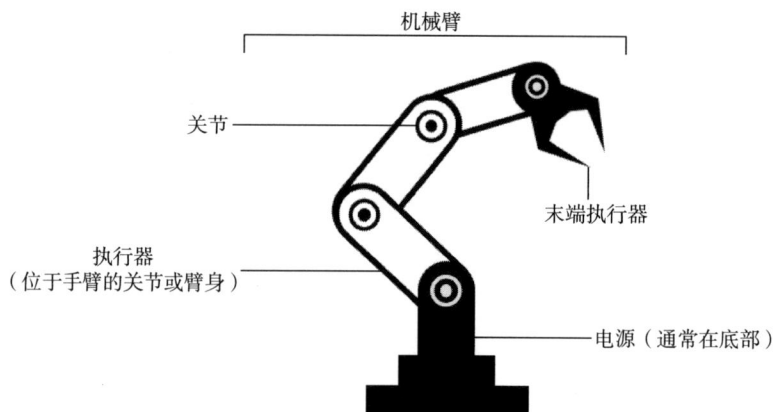

图 11.3　机械臂主要部件的简化

物料操纵由末端执行器处理。末端执行器是机器人手臂的"手"。在机器人技术中，为任务选择合适的末端执行器类似于在缝纫机上选择合适的支脚。

末端执行器

末端执行器通常在确定一项技术是否可以处理一种材料时起着重要作用。例如，用于拾取螺钉的末端执行器与用于拾取葡萄的工具是非常不同的。在时尚业领域，由于织物在移动时会变形，这尤其具有挑战性。抓起一块织物会在织物的特定形状和折痕数量方面带来无限的可能性。图 11.4 显示了可在传统机械手系统（如抓手和真空杯）中使用的不同类型的末端执行器。螺丝刀、焊枪、钻头和喷枪之类的工具也是制造环境中常见的末端执行器。

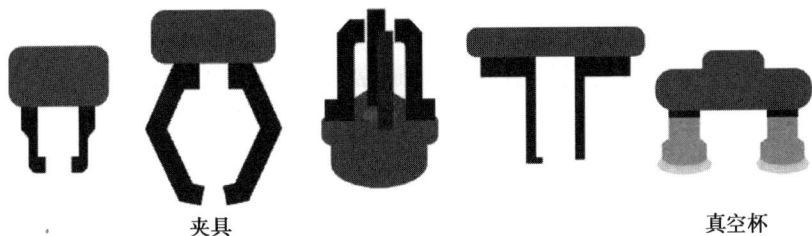

夹具   真空杯

图 11.4　各种末端执行器，夹具和真空杯，用于机器人技术中的不同应用

缝纫机器人

SoftWear Automation 是一家位于亚特兰大专注于缝纫的机器人公司，使用工作台和机械臂以及末端执行器的组合，在缝纫过程中移动织物。在该系统中，工作台由一系列真空组件驱动，这些组件根据重量和绒面最多移动四层织物。缝纫头的特写如图 11.5 所示。

图 11.5 SoftWear Automation 缝纫头的特写镜头，使用计算机视觉引导缝纫织物

通过在每台缝纫机的头部和系统中的其他位置实现计算机视觉，由 SoftWear Automation 创建的缝纫台可以操纵和缝制复杂的曲线。将衣服或其他柔软的物品平放在桌子上可以减少系统在缝制中需要处理的变形量。图 11.6 显示了 SoftWear Automation 中使用的**一个龙门式机器人**（也称为**笛卡儿机器人**）工作台。

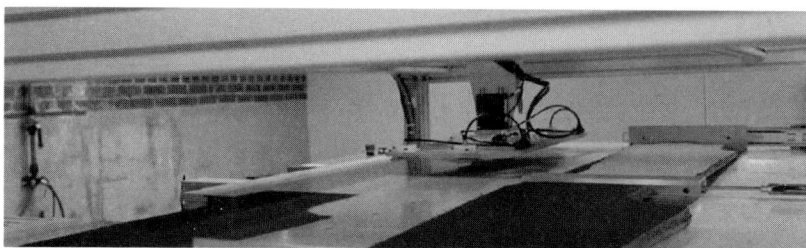

图 11.6 龙门式系统，用于在缝纫台上移动布料

SoftWear Automation 在缝纫系统中使用多种技术来完全自动化特定商品的生产。图 11.7 展示了在桌子上移动纺织品的龙门式系统，以及

一个安装在该龙门上并可以使织物旋转以在缝制过程中束缚边缘的操纵臂。

图 11. 7　SoftWear Automation 汽车脚垫包边缝纫系统

材料的变形并不是机器人缝纫面临的唯一挑战，极快的缝纫速度（每分钟大约 5000 针）也是其中之一。为了应对这些挑战，SoftWear Automation 等公司构建的混合系统与其他类型的机器人制造有所不同。

在缝纫中采用机器人技术的优势

SoftWear Automation 的董事长兼首席执行官帕拉尼斯瓦米・拉詹介绍了机器人缝纫的几个优势：降低成本、**回流**生产、解决全球化问题、环境影响以及灵活地增加制造以解决诸如合身等问题。

美国的大多数制造业已外包给海外供应商。随着时间的推移，像中国这样曾经提供高质量和廉价缝纫劳动力的地区，正在成长为和美国相似的经济体。这意味着随着时间的推移工资差额在减少，因此为低工资而进行烦琐而繁重的劳动意愿也在下降。

纺织服装行业还有其他效率低下的问题。美国是世界第三大棉花生产国，但是消费的大部分棉花产品都是进口的。美国通常将原棉发送到国外，制成纺织品缝制为服装，然后再运回美国销售，因为按美元计算，这样做成本效益更高。不幸的后果之一是对环境的影响。显然可以在美国制造这些商品并避免复杂的物流，但在过去的 50 年中，美国的制造业急剧下降，既不能在成本上竞争，也无法在数量上依赖于目前对劳动力的竞争。在美国和其他国家，缝纫任务的机器人自动化提供了一种在原材料来源地制造的同时降低劳动力成本并提高产能的方法。

使用这些机器人系统，可以一次就制成一件衣服。相反，为了满足成本效率，传统生产制造以每尺寸具有最小数量的批次进行。通过一次制作一件商品，可以在不改变成本效率的情况下发生某些变化，每件商品的尺寸大小都可以不同，而对于机器人来说，并没有什么不同。

机器人设计

在纺织业领域的机器人生产的新时代，当为机器人制造进行设计时，我们必须牢记新的设计原则。随着时间的推移，我们将看到机器人在服装制造中的使用率不断增加。

同样重要的是，机器人缝纫作为一个领域仍处于起步阶段。就设计而言，目前尚无法对每种类型的服装进行所需要的改变。目前，品牌商必须让事情简单化。

自动化与机器人

机器人技术和**自动化**不是同义词。自动化仅用软件就可以实现，无须物理机器人硬件。尽管机器人技术通常用于自动化，但它们也可以用于完成其他任务。自动化的主要目的是让机器自动完成任务。机器人技术通常具有更快的响应速度，其目标是在不完善的领域中获得成效。

自动化与机器人之间的一般区别是，机器人可以用于执行一系列复杂任务，而不仅是单个操作，它们还可以感知现实世界的输入并对之做出反应。

另外，工业自动化技术有可能指的是一些口袋设置（Pocket-setting），也就是只能设置像口袋一样的小块区域。如果在那些制造环境中错误地设置了某些东西，则机器将不会响应。机器人之所以是机器人，是因为它具有基于感知现实世界基础上做出反应的自主性，这使其成为机器人的一个重要组成部分，不同于其他类型的自动化。

有关自动化的工作职责问题

关于机器人取代人的工作的讨论引发了人们对如何定位自动化职责的担忧。雇主将如何培训当前雇用的工人以从事新的工作而不是取代他们？机器人自动化是否将支持按订单制造而不是批量制造？未来的时尚产业还有很多问题要回答。

供应链机器人

机器人已在时尚产业的工厂车间之外投入使用。在世界各地的许多仓库中，机器人已经进入了**拣配和包装**过程。从腾讯、阿里巴巴到亚马逊，数十亿美元已被投入构建机器人自动化基础设施，以管理寻找库存物品并将其放入箱子运送给客户等重复性的任务。

Kiva Systems 是一个仓储机器人自动化的著名示例。Kiva Systems 于 2012 年被亚马逊收购，并更名为亚马逊机器人（Amazon Robotics）。收购之前，时尚界的主要公司都在使用 Kiva Systems，包括 Saks Fifth Avenue、Gilt Groupe、The Gap 等。今天还有许多类似 Kiva Systems 这样的公司，例如 AutoStore、Dematic 和 OPEX。

这些机器人通常被认为是一种思想流派的一部分，该流派认为机器人应该与人类并肩作战，而不是取代人类。基于该想法的机器人通常称为**协作机器人**。从前，工业机器人都是大型的金属机器人，这使它们可能对人类构成了危险，因为站在机器人前面的人很容易在不知不觉中被机器人手臂击中。为了避免这种情况发生，柔性材料被用于制造一些协作机器人，比如柔性机器人。其他机器人可能会配备更好的传感机制，并且重量更轻、强度更低。

关灯生产制造

协作机器人技术的概念已帮助公司更灵活地将机器人技术集成到其生产流程中，从而使人类只需要完成最后的任务。随着机器人变得比以往任何时候都更经济实惠，工厂和仓库中越来越多的流程可以通过实施自动化来降低成本。对于一些人来说，将人工工作完全从流程中移除是最终目标。

制造业中一个流行的概念性目标是努力实现**关灯生产制造**。这个想法是这样的，工厂是完全自主的，即使在灯光熄灭的情况下也可以全速运转。一些工厂甚至已经实现了这一目标。建立这样的工厂也会提高效率。选址不再需要以足够大的劳动力为基础，而只需围绕卡车运输物流从工厂位置交付产品即可。

本章总结

尽管大众流行文化使大多数人幻想出像人类一样说话、行走和思考的类人机器人，但在时尚业产生最大影响的机器人却与这些描述几乎没有共同之处，工业机器人、笛卡儿机器人和协作机器人占其中很大一部分。

机器人技术在时尚业中的应用越来越多，尤其是在制造和仓储环境中。随着机器人技术的进步，它们被用来处理日益复杂的缝纫任务，时尚业将面临自动化道德问题、机器人自动化设计和生产回流等新挑战。

本章术语

执行器（Actuators）：机械系统中的"推动器"。在本章描述的系统中，它们是给予控制信号并且使机器移动的部件。它们可以是灯和扬声器，任何可以将信号转换为现实世界中发生事情的东西。

关节式机器人（Articulated Robots）：可以是工业机器人、有腿的机器人或其他类型的具有关节的机器人，这些机器人的关节通常由电动机驱动，从而使它们具有复杂的运动能力。

自动化（Automation）：使用设备或机器自动完成的过程。

两足动物（Bipedal）：两条腿走路，通常指动物运动。

笛卡儿机器人（Cartesian Robot）：受 x、y 和 z 运动限制的机器人。因为它们在视觉上与龙门起重机相似，所以有时也称为线性机器人或龙门机器人。许多计算机数字控制机床（CNC machines）和 3D 三维打印机都遵循这种类型的体系结构。另请参阅龙门机器人。

协作机器人技术（Collaborative Robotics）：可以与人类安全地协同工作的机器人。通过诸如感应、速度以及功率和力量限制之类的策略来实现所需的安全性。

控制系统（Control System）：机器人的大脑。控制系统是进行感应的位置，并做出相应的制动决定。

自由度（Degrees of Freedom）：设备或机器人可以移动的方向数。运动范围对机器可以执行的任务有很大的影响。在人体中，肩膀具有三个自由度：俯仰（上下）、偏航（左右）和滚动（旋转）。

末端执行器（End Effectors）：在机械手臂中的末端执行器类似于

手，它们负责关节式机器人的灵巧性。

女性机器人（Fembot）：一种看起来像女性的机器人，仅作为或主要作为体现女性身体特征的角色或玩具存在。

龙门机器人（Gantry Robot）：请参见笛卡儿机器人。

工业机器人（Industrial Robots）：具有多种形状和尺寸，其中许多包括机械手或龙门架。从历史上讲，它们已用于处理刚性材料（例如，金属和塑料）的行业，包括汽车、仓储等。

关灯生产制造（Lights-out Manufacturing）：在工厂中使每个过程自动化的想法，因此不需要任何人来保持系统的运转。

机械手手臂（Manipulator Arm）：关节式机器人手臂。另请参见关节式机器人。

有效负载容量（Payload Capacity）：机器可以承载的重量。

分拣和包装（Picking and Packing）：物流中常用的术语，用于定位要运送到仓库中的物品并将其包装到客户的盒子中的过程。

电源供给（Power Supply）：使机器运行的电力来源。通常，该设备还提供电流转换，为机器提供正确的电压、电流和频率。

回流（Reshoring）：将国内制造业带回一个国家。这与离岸外包相反，离岸外包是在劳动力成本较低的海外国家进行的制造过程。

SoftWear Automation：位于佐治亚州亚特兰大的一家公司，致力于缝制纺织品的机器人自动化。该公司起始于佐治亚理工学院一个研究项目，经过七年的研究，该公司从佐治亚理工学院分拆出来，开始为家庭用品、鞋类、服装和汽车中的缝制产品提供生产线。

恐怖谷（Uncanny Valley）：一个新创造词，用来形容看起来像人类的机器引起的令人不安的感觉。这个想法是指具有与人类相似但显然不是人类的机器人可以引起人类的反感。其假设是：随着机器人看起来越来越人性化，人类的情感反应就越大。为了达到这一点，相似度需要通过该门槛以克服恐怖的感觉。

感谢 SoftWear Automation 自动化公司董事长兼首席执行官帕拉尼斯瓦米·拉詹回答本章中有关缝纫和机器人技术的问题。

第六篇
未　来

第 12 章

人工智能民主化及其影响

思想、观点和文化的多样性在任何领域都很重要。

——莎拉·弗里拉（Sarah Friar），电子支付公司 Square 的首席财务官

机器学习正在从为定制模型提供量身定制服务转变为产品化时代。这种转变带来的新产品和服务，使人们不需要机器学习研究人员的帮助就可以利用自己的数据来训练自己的模型。这些工具正在从仅提供给有能力使用的大公司转变为可以将其提供给可能难以与大公司竞争的小企业。随着在许多用例中对专家的依赖减少，各种规模的企业依靠人工智能来改善其日常运营将变得越来越普遍。尽管这种变化的长期影响尚未得到证实，但人工智能自动化工具的兴起已经引起了各种争论，尤其是在经济和就业领域。

在民主化方面，我们还有很长的路要走。然而，我们在提高人工智能的可访问性方面取得了长足的进展。2019 年可能是机器学习生态系统的一个里程碑。2018 年 1 月，Gartner 预测，到 2019 年使用自助服务分析和商业智能工具的组织将比专业分析师输出更多的分析结果。虽然该统计数据涵盖了更广泛的技术，但人工智能在其中扮演着重要角色。人工智能民主化是当下最热门的话题。

软件可访问性并不是这一转变的唯一推动力。访问数据、专用硬件的商品化以及运行该硬件的平台的崛起也正在发挥作用。

降低进入门槛

对于在技术行业以外工作的专业人员来说，这可能并不明显，但是直到最近，即使是经验丰富的软件开发人员也可能难以执行机器学习技术。他们可能没有数学领域知识的背景去启动并运行机器学习模型，或者他们甚至根本没有去执行的理由。

过去五年中在该领域取得的进展已大大改变了这一状况。每年，**开源社区**都会引入新工具，其中一些工具已被广泛采用。进入市场的产品，尤其是**云服务**，也使训练和运行模型变得更加容易。

简化的界面

如第 7 章所述，用于托管数据、训练和运行模型的图形用户界面越来越强大。使用这些图形用户界面时无须编写代码就可以完成比以往更多的工作。

在最终用户的易用性方面，为企业构建的解决方案具有更加友好的图形用户界面和后端自动化功能，目的是提高执行速度。这些平台的构建使关键利益相关者易于理解，也让科学家易于实施。

其中一个例子是 **DataRobot**，它提供用于运行机器学习模型的企业产品。如果你使用的是 DataRobot，则你可能会拥有一个可以在平台上运行和解释实验的数据科学团队。

这些平台的目标是能够以更少的编码甚至没有编码来更快地完成工作。这些平台并不是所有人都可以轻松上手使用，而是对于那些了解其核心概念和知道如何使用它们的人。诸如 DataRobot 之类的企业工具可以提供强大的自助服务自动化。

开发者工具

对于那些打算在他们正在开发的产品中开始实施机器学习的开发人员，有一些工具可供使用。

Google 的**机器学习套件（ML Kit）** 提供了常用的机器学习技术，并且可以供开发人员使用。可以通过其移动和网络应用托管服务 Firebase 轻松使用这些工具。

ML Kit 可与 Google 的 **TensorFlow Lite** 一起使用。TensorFlow Lite 是一个针对机器学习问题的开源软件库。这意味着不仅是专用计算机，它还可以在日常计算机上运行。另外，它还是为研究人员提供实现神经网络的快速入门的跳板。TensorFlow Lite 是其中一个版本，已针对在移动设备上运行所需的更轻量计算进行了优化。

数据访问

2017 年 3 月，Google 宣布收购第 7 章中提到的数据科学平台 Kaggle。Kaggle 包含最大的数据集存储库之一，也是学习和练习机器学习的宝贵工具。收购之前，Google 开始向平台发布带有标签的大型数据集，例如带有标签的 YouTube 视频集，只有大型公司才能使用这种资源。让更多的人访问高质量的现实世界数据可以加快该行业的增长速度。对于 Google 来说，这是一个胜利，因为当人们可以拥有更好的学习资源时，他们就可以使用更多的人才库，并有助于扩大自己的服务市场。

Kaggle 并不是人们可以用来获取大型数据集的唯一资源。像亚马逊这样的公司还提供由第三方维护并托管在其平台上的公共数据集列表。就亚马逊而言，这是通过**亚马逊网络服务**（Amazon Web Services，AWS）实现的。大学和政府机构经常提供公共数据。位于纽约的初创公司 Vigilant 可以轻松访问成千上万的此类公共记录。

Google 在 2018 年 9 月发布了 Google 数据集搜索，该工具可轻松在网络上搜索数据集：https：//toolbox. google. com/datasetsearch。

开源

在本章中已经多次提到了"开源"一词。开源是指已公开提供并可以修改或共享的软件。机器学习的快速发展部分是由于开源的工具和研究。

长期以来，研究人员一直在发表学术论文，其中包含他们的机器学习发现以及用于获得这些结果的算法。与过去 5 ~ 10 年的不同之处在于，这些论文现在链接到在线媒体，包括视频、照片以及用于托管运行算法代码的存储库，甚至有时还链接到演示它们如何工作，让你用你自己的数据运行它们。在这以前，运行神经网络和其他复杂模型的演示不可能在网络上托管。

专用硬件

要利用人工智能达到今天的水平，就需要出现一个完整的机器学习生态系统，没有计算能力，像深度学习这样的人工智能流程将无法实现。直到最近，运行这些模型所需的计算量还远远超过了标准计算机可以处理的数量。

图形处理器和张量处理器

在 21 世纪初引入用于机器学习的**图形处理器**（Graphics Processing Units，GPUs）之前，神经网络还不能用于生产，甚至无法用于研究。

图形处理器类似于中央处理器（Central Processing Unit，CPU），中央处理器是执行计算机工作指令的电子芯片。与中央处理器相比，图形处理器可以同时处理更多的计算。

图形处理器最初是为视频游戏而设计的。为了在屏幕上渲染图形，视频游戏一次运行许多复杂的计算，以根据游戏中发生的事情快速确定屏幕上每个像素的值。训练神经网络和其他机器学习模型同样需要大量计算。图形处理器使计算机可以并行运行这些计算，从而减少了训练所需的时间。根据 OpenAI 的数据，自 2012 年以来，用于训练大型工作任务的计算能力每 3.5 个月翻一番。

2012 年之前，使用图形处理器进行机器学习非常罕见。2012 ~ 2014 年，基础架构的建成使在图形处理器上的训练成为可能。

2016 年左右，有些方法发生了变化，使进程可以并行运行，**张量处理器**（Tensor Processing Unit，TPUs）被引入进来。硬件在不断发展，以适应对更快、更复杂的计算的需求。

张量处理器是 Google 推出的用于深度学习的专用硬件，并且针对训练神经网络所需的基本操作进行了优化。张量处理器的发布在业界引起轰动，因为使用这些芯片可以使性能提高 15 ~ 30 倍，而且每瓦性能的回报更高。虽然这些芯片本身无法购买，但可以通过 Google 的云计算服务来租用。图 12.1 展示了张量处理器电路板和 Google 服务器中心。

图形处理器和张量处理器并不是全部，在这个领域还有许多创业公司。据《纽约时报》（*New York Times*）报道，截至 2018 年，至少有 45 家初创公司在研发构建机器学习专用芯片。

云服务

最近，对于打算实施机器学习模型但不想购买自己的专用硬件的企业而言，使用图形处理器的云计算已成为可行的解决方案。虽然今天维护成本仍然很高，但是开发中的新算法有助于优化昂贵服务器时间的使用，从而显著降低了成本。

图 12.1　张量处理器（左）及其服务器中心（右），由 Google 提供

云图形处理器使专家能够在租用的服务器上运行复杂的模型。深度学习云平台 FloydHub、Google 的云端图形处理器和亚马逊的机器学习均提供对此类云计算的访问。

Google 在 2018 年 1 月发布了一项新的网络服务**云端自动机器学习**（Cloud AutoML），该服务使企业无须内部专家即可使用多种模型。客户可以完成与其业务相关的任务，例如图像分类自然语言处理和语言翻译。Google 计划扩展到其他领域，并提供一套易于使用的机器学习工具。

教程和在线课程

在 Udemy 或 Coursera 等在线教育市场中，机器学习和相关课程越来越流行。如果你是一个没有多少技术经验的人，可以选择其中一门课程并逐步开始学习机器学习。例如，你可以学习如何构建自己的推荐系统或使用大众的编程语言来训练神经网络。

除了这些市场之外，该领域的教程还可以在互联网上的初创企业和研究人员的博客上找到。

对就业市场的影响

这将不是人与机器对抗的世界，而是人与机器合作的世界。

——罗睿兰（Virginia Rometty），IBM 董事长、总裁兼首席执行官

人们通常担心人工智能是一种通过自动化工作来取代人类工作的技术。人工智能擅长自动化，在某些任务上甚至胜过人类，但并不是每项任务都需要通过人工智能做很多工作。纵观整个历史，自动化创造就业机会的例子比夺走就业机会的例子要多。

工业革命使一个织布工可以生产的布料数量增加了 50 倍，生产每码布料所需要的人工减少了 98%。听起来这将导致该行业的工人几乎被淘汰，但实际上情况恰恰相反。随着布料价格的下降，需求急剧增加，这一切创造了 4 倍的就业机会。

这次会有所不同吗？今天的技术变革在以比 19 世纪更快的速度发生着。尽管仍然无法绝对自信地回答这个问题，但许多专家仍对人工智能是否会在短期内取代整个工作和行业表示怀疑。然而，有些行业和依赖这些行业的国家将受到更大的影响。

道德与未来

我们是否比人工智能更聪明呢？

——斯派克·琼斯（Spike Jonze），电影制作人

随着人工智能领域的成熟，围绕其伦理的问题也受到质疑。不仅难以理解一个模型为何会做出一个特定选择，而且对模型所依据的数据中带有的固有偏见这一方面几乎没有问责制。这种含糊不清引起了很多批评。在应用这项新技术时，我们如何确保不会传播人类的偏见呢？

种族与性别

关于人工智能种族和性别偏见，有一些令人震惊的例子，并且引发了围绕歧视的道德对话。2018年初，麻省理工学院媒体实验室（MIT Media Lab）的研究员乔伊·布奥兰姆维尼（Joy Buolamwini）进行的一项研究显示，基于面部识别系统中肤色和性别的错误率完全不同。她在其中一个例子中表明，这些系统的准确率对于白人男性而言，在识别性别方面的错误率仅为1%，比在黑人女性中高达35%的错误率要准确得多。

这些偏见至少在一定程度上来自通过机器学习模型进行训练的数据。作为解决这些偏见的潜在步骤，微软研究院（Microsoft Research）的蒂姆尼特·格布鲁（Timnit Gebru）和她的合作者提出了数据集的数据表。他们的想法是，每个数据集都应该带有一个含有详细信息的标签，例如谁制作的数据集、数据来自何处以及数据是如何创建的。

在所有计算机科学领域，据估计，女性担任的工作约占13%。我个人认为，如果不解决代表性的问题（如工作分配问题）将很难从根

源上解决偏见问题。

人工智能伙伴关系

围绕伦理道德的争议已超出了歧视的范畴。自主无人机战和其他与战争有关的人工智能技术也处于灰色地带。我们什么时候开始引入有关人工智能的法规？法规会阻碍这一领域技术的进展吗？

2017 年 1 月，大型技术公司成立了人工智能伙伴关系合作组织，开始就人工智能的道德规范和其技术发展的影响进行公开对话。自那时以来，全球有 70 多个组织和公司加入了该非营利组织。它们的核心宗旨是推进公众对人工智能技术的理解，同时也将设立未来人工智能领域研究者需要遵守的行为准则，并针对当前该领域的挑战及机遇提供有益有效的实践。

未来确实取决于我们如何选择使用这些功能强大的新工具。

本章总结

由于引入市场的新工具和硬件激增，现在比以往任何时候都更容易使用人工智能。计算能力、开源机器学习模型、专用硬件以及专门用于人工智能行业的云服务的增加都促进了这一增长。

这项技术的普及性和威力引起了很多质疑。它会破坏就业市场吗？这是道德允许的吗？我们无法预测将来会发生什么，但是技术本身只会做控制它的人要求做的事情。我们距离人工智能拥有自己的思想并摧毁人类还很远。这种说法分散了人们应该让建立它的人负责的注意力。

本章术语

亚马逊网络服务（Amazon Web Services，AWS）：亚马逊以付费

订阅方式提供的一套云计算服务。另请参阅云服务。

中央处理器（Central Processing Units，CPUs）：当今大多数消费者计算机中都存在的标准处理器。这些是计算机的"大脑"用于处理的操作。

云端自动机器学习（Cloud AutoML）：Google 提供的一种产品，可以用很少的机器学习专业知识来训练机器学习模型。

云端图形处理器（Cloud GPUs）：专门提供图形处理器使用的云计算服务。

云服务（Cloud Services）：泛指包括通过互联网托管的服务。在使用云服务时企业或个人无须维护自己的服务器即可提供或使用某些服务。在机器学习的上下文中，不需要拥有一台高性能计算机是一件非常方便的事。

Coursera：一个在线学习平台，不仅提供专业课程，还提供学位课程。该平台与耶鲁大学和斯坦福大学等顶尖机构以及 Google 和 IBM 等顶尖公司合作，提供高质量的课程。

DataRobot：一种机器学习平台，可自动构建和部署机器学习模型所需的一些流程。它提供了易于使用的图形用户界面，无须编写代码即可实现这些模型。

图形处理器（Graphics Processing Units，GPUs）：一种专用的电子组件，通常用于需要大量图像处理或图形渲染的计算机中，例如视频游戏。在 2000 年初期，图形处理器由于具有更高的处理能力而可以进入机器学习，这种能力可以用于挑战性的计算问题。

机器学习套件（Machine Learning Kit，ML Kit）：由 Google 创建的一种产品，可在应用开发过程中轻松实现某些机器学习产品。

开源（Open Source）：可公开访问源代码及其实现算法的软件。

张量流（TensorFlow）：由 Google 的 Google Brain 团队创建，并于

2015 年作为开源发布。它是一个主要用于机器学习的软件库。Tensor-Flow Lite 是 TensorFlow 的改版，旨在安卓（Android）设备上运行，而安卓设备的计算能力却比大型机器低。

张量处理器（TPU）：Google 引入的一种硬件组件，可以在模型训练期间加快计算速度。

Udemy：一个在线教育平台，内容提供者可以通过他们的课程来赚钱。这不是传统的学术课程，你无法在该处获得大学学分。

参考文献

本参考书目分为 14 个部分：

1. 一般参考文献（General References）

2. 对立性例子（Adversarial Examples）

3. 聊天机器人、虚拟风格助理（Chatbots，Virtual Style Assistants）

4. 计算机视觉、视觉搜索（Computer Vision，Visual Search）

5. 数据、数据挖掘（Data，Data Mining）

6. 需求预测（Demand Forecasting）

7. 伦理学（Ethics）

8. 生成模型（Generative Models）

9. 自然语言处理（Natural Language Processing）

10. 神经网络（Neural Networks）

11. 预测分析、推荐引擎（Predictive Analtics，Recommendation Engines）

12. 机器人、影响（Robotics，Impact）

13. 专用硬件（Specialized Hardware）

14. 项目、公司（Projects，Companies）

一般参考文献

"Gartner Says Global Artificial Intelligence Business Value to Reach $1. 2 Trillion in 2018. " Gartner, 25 Apr. 2018, www. gartner. com/newsroom/id/3872933. Accessed Aug. 2018.

Abnett, Kate. "Is Fashion Ready for the AI Revolution?" The Business of Fashion, 7 Apr. 2016, www. businessoffashion. com/articles/fashiontech/is – fashion – ready – for – the – ai – revolution. Accessed 22 Jan. 2018.

BOF Team. "BoF and Google Partner on Artificial Intelligence Experiment. " The Business of Fashion, 30 Nov. 2017, www. businessoffashion. com/articles/sponsored – feature/bof – andgoogle – partner – on – artificial – intelligence – experiment. Accessed 14 Jan. 2018.

Dennis, Steve. "Many Unhappy Returns: E – Commerce's Achilles Heel. " Forbes, 9 Aug. 2017, www. forbes. com/sites/stevendennis/2017/08/09/many – unhappy – returns – e – commerces – achilles – heel/#76296 a344bf2. Accessed Feb. 2018.

Doupnik, Elizabeth. "Exclusive: How AI Predicts the Biggest Trends of the Season. " WWD, 14 Mar. 2017, www. com/business – news/technol gy/ibm – watson – fashion – week – analysis – 10842213/. Accessed Apr. 2018.

Gallo, Amy. "A Refresher on Regression Analysis. " Harvard Business Review, 30 Nov. 2017, hbr. org/2015/11/a – refresher – on – regressionanalysis. Accessed Mar. 2018.

Gerbert, Phillip, et al. "Putting Artificial Intelligence to Work. " BCG, 28 Sept. 2017, www. bcg. com/en – us/publications/2017/technologydigital – strategy – putting – artificial – intelligence – work. aspx. Accessed Apr. 2018.

Knight, Will. "China's AI Awakening. " MIT Technology Review, 10

Oct. 2017, www. technologyreview. com/s/609038/chinas – ai – awakening/. Accessed 16 April. 2018.

Luo, Ping, et al. "Large – Scale Fashion (DeepFashion) Database." The Chinese University of Hong Kong, Oct. 2016, mmlab. ie. cuhk. edu. hk/projects/DeepFashion. html. Accessed Apr. 2018.

Rasul, Kashif, and Han Xiao. "Fashion – MNIST." Zalando Research, research. zalando. com/welcome/mission/research – projects/fashionmnist/. Accessed 11 Dec. 2017.

Xiao, et al. "Fashion – MNIST: A Novel Image Dataset for Benchmarking Machine Learning Algorithms." [Astro – Ph/0005112] A Determination of the Hubble Constant from Cepheid Distances and a Model of the Local Peculiar Velocity Field, 25 Aug. 2017, arxiv. org/abs/1708. 07747v2. Accessed Aug. 2018.

对立性例子

Athalye, et al. "Synthesizing Robust Adversarial Examples." [Astro – Ph/0005112] A Determination of the Hubble Constant from Cepheid Distances and a Model of the Local Peculiar Velocity Field, July 2017, arxiv. org/abs/1707. 07397. Accessed May 2018.

Goodfellow, et al. "Explaining and Harnessing Adversarial Examples." Cornell University Library, 20 Dec. 2014, arxiv. org/abs/1412. 6572v3. Accessed Apr. 2018.

Goodfellow, Ian, et al. "Attacking Machine Learning with Adversarial Examples." OpenAI Blog, 24 Feb. 2017, blog. openai. com/adversarialexample – research/. Accessed May 2018.

聊天机器人、虚拟风格助理

"5 Ways Voice Assistance Is Reshaping Consumer Behavior. " Think with Google, Aug. 2017, www. thinkwithgoogle. com/data – collections/voice – assistance – emerging – technologies/. Accessed Mar. 2018.

"Amazon Echo Look—Teardown. " YouTube, 3 Nov. 2017, www. you-tube. com/watch?v = nDRtwkKg8qU. Accessed July 2018.

"Messaging Apps Are Now Bigger than Social Networks. " Business Insider, 20 Sept. 2016, www. businessinsider. com/the – messaging – appreport – 2015 – 11. Accessed Aug. 2018.

Fumo, Nicola. "Rise of the AI Fashion Police. " The Verge, 3 May 2017, www. theverge. com/2017/5/3/15522792/amazon – echo – look – alexastyle – assistant – ai – fashion. Accessed 15 Nov. 2017.

Garber, Megan. "When PARRY Met ELIZA: A Ridiculous Chatbot Conversation from 1972. " The Atlantic, 9 June 2014, www. theatlantic. com/technology/archive/2014/06/when – parry – met – eliza – a – ridiculous-chatbot – conversation – from – 1972/372428/. Accessed Aug. 2018.

Jacob, Neenu. "AI Could Become Your Personal Shopper. " Venture-Beat, 6 Oct. 2017, venturebeat. com/2017/09/24/ai – could – become – yourpersonal – shopper/. Accessed 2 Oct. 2018.

Kleinberg, Sara. "5 Ways Voice Assistance Is Reshaping Consumer Behavior. " Think with Google, Jan. 2018, www. thinkwithgoogle. com/consumer – insights/voice – assistance – consumer – experience/. Accessed Jan. 2018.

Mau, Dhani. "How Brands and Startups Are Using AI to Help You Get Dressed. " Fashionista, 17 Nov. 2017, fashionista. com/2017/11/fashionbrands – stylists – ai – artificial – intelligence – chatbots. Accessed 2 Oct. 2018.

McTear, Michael, et al. "Conversational Interfaces: Past and Present." SpringerLink, 1 Jan. 1970, link. springer. com/chapter/10. 1007/978 – 3 – 319 – 32967 – 3_ 4. Accessed 2 Feb. 2018.

Pan, Jiaqi. "Conversational Interfaces: The Future of Chatbots." Chatbots Magazine, 25 Aug. 2017, chatbotsmagazine. com/conversationalinterfaces – the – future – of – chatbots – 18975a91fe5a. Accessed 4 Feb. 2018.

Rae, Haniya. "Inside Retail's Live Chat Revolution." Forbes 31 Mar. 2017, www. forbes. com/sites/haniyarae/2017/03/30/inside – retailslive – chat – revolution/#5099df982bce. Accessed 13 Apr. 2018.

Yao, Mariya. "4 Approaches to Natural Language Processing & Understanding." TOPBOTS, 29 July 2018, www. topbots. com/4 – differentapproaches – natural – language – processing – understanding/. Accessed 24 Feb. 2018.

计算机视觉、视觉搜索

Edvinsson, Johan. "Machine Learning at Condé Nast, Part 2: Handbag Brand and Color Detection." Condé Nast Technology, 6 Nov. 2017, technology. condenast. com/story/handbag – brand – and – colordetection. Accessed July 2018.

Fergus, Rob, et al. "Tiny Images Dataset." New York University, horatio. cs. nyu. edu/mit/tiny/data/index. html. Accessed Apr. 2018.

Karpathy, Andrej, and Justin Johnson. "CS231n Convolutional Neural Networks for Visual Recognition." Stanford University, cs231n. github. io/classification/. Accessed Apr. 2018.

Li, Fei – Fei, et al. "Spatial Localization and Detection." Stanford University, 1 Feb. 2016, cs231n. stanford. edu/slides/2016/winter1516_ lecture8. pdf. Accessed Apr. 2018.

Lusch, David P. "Digital Image Classification." Michigan State University, Oct. 2015, lees. geo. msu. edu/courses/geo827/lecture_ 10_ classification. pdf. Accessed Mar. 2018.

Mallick, Satya. "Image Recognition and Object Detection: Part 1." Learn OpenCV, 14 Nov. 2016, www. learnopencv. com/image – recognitionand – object – detection – part1/. Accessed Apr. 2018.

Manoff, Jill. "To Find It, Just Boohoo It." Glossy Magazine, 27 Feb. 2018, www. glossy. co/ecommerce/to – find – it – just – boohoo – it – how – the – fastfashion – retailer – is – making – a – go – of – visual – search. Accessed Mar. 2018.

Urtasun, Raquel. "Computer Vision: Filtering." University of Toronto, 10 Jan. 2013, www. cs. toronto. edu/ ~ urtasun/courses/CV/lecture02. pdf. Accessed Mar. 2018.

数据、数据挖掘

"What Is a Data Warehouse？." Amazon Web Services, aws. amazon. com/data – warehouse/. Accessed May 2018.

Emerging Technology from the arXiv. "AI Reveals Global Clothing Preferences by Data – Mining Instagram Photos." MIT Technology Review, 15 June 2017, www. technologyreview. com/s/608116/data – mining – 100 – million – instagram – photos – reveals – global – clothing – patterns/. Accessed Apr. 2018.

Henke, Nicolaus, et al. "The Age of Analytics: Competing in a Data –

Driven World." McKinsey & Company, Dec. 2016, www. mckinsey. com/ ~/ media/McKinsey/Business%20Functions/McKinsey%20Analytics/Our%20In sights/The%20age%20of%20analytics%20Competing%20in%20a%20data% 20driven%20world/MGI - The - Age - of - Analytics - Full - report. ashx. Accessed Mar. 2018.

Lee, Doris Jung - Lin, et al. "Identifying Fashion Accounts in Social Networks." KDD Fashion 2017, University of Illinois, Urbana - Champaign, Aug. 2017, kddfashion2017. mybluemix. net/final_ submissions/ML4Fashion_ pa per_21. pdf. Accessed Apr. 2018.

需求预测

"Autoregressive Integrated Moving Average—ARIMA." Investopedia, www. investopedia. com/terms/a/autoregressive - integrated - movingaverage - arima. asp. Accessed 2 Aug. 2018.

De las Heras Torres, Roman Josue. "7 Ways Time - Series Forecasting Differs from Machine Learning." Oracle + DataScience. com, 29 May 2018, www. datascience. com/blog/time - series - forecasting - machinelearning - differences. Accessed Aug. 2018.

Taylor, Sean J, and Benjamin Letham. "Forecasting at Scale." PeerJ, 27 Sept. 2017, peerj. com/preprints/3190/. Accessed Aug. 2018.

伦理学

Crawford, Kate. "Opinion | Artificial Intelligence's White Guy Prob- lem." The New York Times, 20 Jan. 2018, www. nytimes. com/2016/06/ 26/opinion/sunday/artificial - intelligences - white - guy - problem. html? r = 1. Accessed Aug. 2018.

Hardesty, Larry, and MIT News Office. "Study Finds Gender and Skin – Type Bias in Commercial Artificial – Intelligence Systems. " MIT News, 11 Feb. 2018, news. mit. edu/2018/study – finds – gender – skin – type – bia- sartificial – intelligence – systems – 0212. Accessed Aug. 2018.

Nickelsburg, Monica. "Why Is AI Female? How Our Ideas about Sex and Service Influence the Personalities We Give Machines. " GeekWire, 27 Nov. 2017, www. geekwire. com/2016/why – is – ai – female – how – our – ideas- about – sex – and – service – influence – the – personalities – we – givema- chines/. Accessed Aug. 2018.

Watercutter, Angela. "Ex Machina Has a Serious Fembot Problem. " Wired, 6 June 2017, www. wired. com/2015/04/ex – machina – turingbech- del – test/. Accessed Aug. 2018.

生成模型

Deverall, Jaime, et al. "Using Generative Adversarial Networks to De- sign Shoes: The Preliminary Steps. " Stanford University, 13 June 2017, cs231n. stanford. edu/reports/2017/pdfs/119. pdf. Accessed 2 May 2018.

Doersch, Carl. "Tutorial on Variational Autoencoders. " [Astro – Ph/ 0005112] A Determination of the Hubble Constant from Cepheid Distances and a Model of the Local Peculiar Velocity Field, 13 June 2016, arxiv. org/ abs/1606. 05908. Accessed June 2018.

Floydhub. "Floydhub/Dcgan. " GitHub, github. com/floydhub/dcgan. Accessed Apr. 2018.

Ganesan, et al. "Fashioning with Networks: Neural Style Transfer to Design Clothes. " [Astro – Ph/0005112] A Determination of the Hubble Con- stant from Cepheid Distances and a Model of the Local Peculiar Velocity

Field, 31 July 2017, arxiv. org/abs/1707. 09899. Accessed 5 Feb. 2018.

Goodfellow, et al. "Generative Adversarial Networks. " [Astro – Ph/ 0005112] A Determination of the Hubble Constant from Cepheid Distances and a Model of the Local Peculiar Velocity Field, 10 June 2014, arxiv. org/ abs/1406. 2661. Accessed Apr. 2018.

Heinrich, Greg. "Photo Editing with Generative Adversarial Networks (Part 1). " NVIDIA Developer Blog, 20 Apr. 2017, devblogs. nvidia. com/ photoediting – generative – adversarial – networks – 1/. Accessed July 2018.

Jetchev, et al. "The Conditional Analogy GAN: Swapping Fashion Articles on People Images. " [Astro – Ph/0005112] A Determination of the Hubble Constant from Cepheid Distances and a Model of the Local Peculiar Velocity Field, 14 Sept. 2017, arxiv. org/abs/1709. 04695v1. Accessed May 2018.

Karpathy, Andrej, et al. "Generative Models. " OpenAI Blog, 16 June 2016, blog. openai. com/generative – models/. Accessed May 2018.

Karras, Tero, et al. "Progressive Growing of GANs for Improved Quality, Stability, and Variation. " Nvidia Research, 30 Apr. 2018, research. nvidia. com/publication/2017 – 10 _ Progressive – Growing – of. Accessed May 2018.

Kato, Natsumi, et al. "Crowd Sourcing Clothes Design Directed by Adversarial Neural Networks. " NIPS 2017, Yoichi Ochiai, University of Tsukuba, 2017, nips2017creativity. github. io/doc/Crowd_ Sourcing_ Clothes_ Design. pdf. Accessed 28 Jan. 2018.

Knight, Will. "Amazon Has Developed an AI Fashion Designer. " MIT Technology Review, 6 Sept. 2017, www. technologyreview. com/s/608668/ amazon – has – developed – an – ai – fashion – designer/. Accessed Mar. 2018.

Knight, Will. "This Inventor Applied Game Theory to Machine Learning to Make Computers Smarter." MIT Technology Review, 22 Aug. 2017, www. technologyreview. com/lists/innovators − under − 35/2017/inventor/ian − goodfellow/. Accessed 2 Oct. 2018.

Mau, Dhani. "The 10 Biggest U. S. Apparel Companies." Fashionista, 2 July 2015, fashionista. com/2015/07/most − valuable − american − brands. Accessed 2 July 2018.

Monn, Dominic. "Deep Convolutional Generative Adversarial Networks with TensorFlow." O' Reilly, 2 Nov. 2017, www. oreilly. com/ideas/deep − convolutional − generative − adversarial − networks − withtensorflow. Accessed June 2018.

Pandey, Prakash. "Deep Generative Models." Towards Data Science, 31 Jan. 2018, towardsdatascience. com/deep − generative − models − 25ab 2821afd3. Accessed Mar. 2018.

Phillip, et al. "Image − to − Image Translation with Conditional Adversarial Networks." [Astro − Ph/0005112] A Determination of the Hubble Constant from Cepheid Distances and a Model of the Local Peculiar Velocity Field, 22 Nov. 2017, arxiv. org/abs/1611. 07004. Accessed July 2018.

Sbai, Othman, et al. "DeSIGN: Design Inspiration from Generative Networks." GroundAI, Apr. 2018, www. groundai. com/project/designde-sign − inspiration − from − generative − networks/. Accessed May 2018.

Shafkat, Irhum. "Intuitively Understanding Variational Autoencoders." Towards Data Science, 4 Feb. 2018, towardsdatascience. com/intuitively − understanding − variational − autoencoders − 1bfe67eb5daf. Accessed Apr. 2018.

Wang, et al. "Generative Image Modeling Using Style and Structure Adversarial Networks." [Astro – Ph/0005112] A Determination of the Hubble-Constant from Cepheid Distances and a Model of the Local Peculiar Velocity Field, 26 Mar. 2016, arxiv. org/abs/1603. 05631v2. Accessed May 2018.

Weston, Phoebe. "AI 'Stylist' Learns Your Fashion, Invents Your Next Outfit." Daily Mail Online, 16 Nov. 2017, www. dailymail. co. uk/science-tech/article – 5089505/AI – stylist – learns – fashion – inventsoutfit. html. Accessed 13 Dec. 2017.

自然语言处理

"Recursive Deep Models for Semantic Compositionality over a Sentiment Treebank." Stanford University: NLP, nlp. stanford. edu: 8080/sentiment/ rntnDemo. html. Accessed 14 Apr. 2018.

"Vector Representations of Words." TensorFlow, www. tensorflow. org/ tutorials/representation/word2vec # the _ skip _ gram _ model. Accessed May 2018.

Dalinina, Ruslana. "Word Embeddings: An NLP Crash Course." Oracle + DataScience. com, 10 Oct. 2017, www. datascience. com/resources/ notebooks/word – embeddings – in – python. Accessed Apr. 2018.

Gaskin, Jennifer L. , et al. "An Introduction to Recommendation Engines." Dataconomy, 30 May 2016, dataconomy. com/2015/03/an – introduction – to – recommendation – engines/. Accessed May 2018.

Jurafsky, Daniel, and James H. Martin. "Sequence Processing with Recurrent Networks" and "Formal Grammars of English" Speech and Language Processing. Pearson, 2014. Chapter 9 – 10. Print.

MacCartney, Bill. "Understanding Natural Language Understanding." Stanford University, ACM SIGAI, 16 July 2014, nlp. stanford. edu/ ~ wcmac/papers/20140716 – UNLU. pdf. Accessed 25 Mar. 2018.

Manning, Christopher D. , et al. "Tokenization" Introduction to Information Retrieval. Cambridge University Press, 2017. Print.

McCormick, Chris. "Word2Vec Tutorial—The Skip – Gram Model." Chris McCormick—Machine Learning Tutorials, 19 Apr. 2016, mccormickml. com/2016/04/19/word2vec – tutorial – the – skip – gram – model/. Accessed June 2018.

Nichols, Nate. "Natural Language Processing and Natural Language Generation: What's the Difference?" Narrative Science, 24 Apr. 2017, narrativescience. com/Resources/Resource – Library/Article – Detail – Page/natural – language – processing – and – natural – languagegeneration – whats – the – difference. Accessed 23 Mar. 2018.

Orr, Dave. "50000 Lessons on How to Read: A Relation Extraction Corpus." Google AI Blog, 11 Apr. 2013, ai. googleblog. com/2013/04/50000 – lessons – on – how – to – read – relation. html. Accessed 27 Apr. 2018.

Socher, Richard, et al. "Recursive Deep Models for Semantic Compositionality over a Sentiment Treebank." Stanford University, nlp. stanford. edu/ ~ socherr/EMNLP2013_ RNTN. pdf.

神经网络

Dancho, Matt. "Time Series Analysis: KERAS LSTM Deep Learning—Part 1. " Business Science, 18 Apr. 2018, www. business – science. io/time-series – analysis/2018/04/18/keras – lstm – sunspots – time – seriesprediction. html. Accessed Aug. 2018.

Le, Quoc, and Barret Zoph. "Using Machine Learning to Explore Neural Network Architecture. " Google AI Blog17 May 2017, ai. googleblog. com/2017/05/using – machine – learning – to – explore. html. Accessed Apr. 2018.

Leverington, David. "A Basic Introduction to Feedforward Backpropagation Neural Networks. "Texas Tech University,2009, www. webpages. ttu. edu/dleverin/neural_ network/neural_ networks. html. Accessed Apr. 2018.

Maini, Vishal. "Machine Learning for Humans, Part 4: Neural Networks & Deep Learning. " Machine Learning for Humans, 19 Aug. 2017, medium. com/machine – learning – for – humans/neural – networks – deep – learningcdad8aeae49b. Accessed 12 Mar. 2018.

Olah, Christopher. "Understanding LSTM Networks. " Colah's Blog, 27 Aug. 2015, colah. github. io/posts/2015 – 08 – Understanding – LSTMs/. Accessed June 2018.

Szegedy, Christian, et al. "Going Deeper with Convolutions. " CVPR 2015, static. googleusercontent. com/media/research. google. com/en//pubs/archive/43022. pdf. Accessed Mar. 2018.

Zoph, Barret, and Quoc V. Le. "Neural Architecture Search with Reinforcement Learning. " Google AI, ICLR 2017, ai. google/research/ pubs/pub45826. Accessed Aug. 2018.

预测分析、推荐引擎

"Fit Analytics Case Study with Google Cloud. " Google Cloud Blog, cloud. google. com/customers/fit – analytics/. Accessed Aug. 2018.

"What Are Product Recommendation Engines? And the Various Versions of Them?" Towards Data Science, 28 Sept. 2017, towardsdatascience. com/what – are – product – recommendation – enginesand – the – various – versions –

of – them – 9dcab4ee26d5. Accessed June 2018.

Ariker, Matt, et al. "Personalizing at Scale." McKinsey & Company, Nov. 2015, www. mckinsey. com/business – functions/marketing – and – sales/our – insights/personalizing – at – scale. Accessed 2 Oct. 2018.

Clark, Jesse. "The Curious Connection Between Warehouse Maps, Movie Recommendations, and Structural Biology." Multithreaded | Stitch Fix Technology Blog, 31 Aug. 2017, multithreaded. stitchfix. com/blog/2017/ 08/31/warehouse – layouts/. Accessed May 2018.

Colson, Eric. "Personalizing Beyond the Point of No Return." Multithreaded | Stitch Fix Technology Blog, 7 July 2015, multithreaded. stitchfix. com/blog/2015/07/07/personalizing – beyond – the – pointof – no – return/. Accessed May 2018.

Colson, Eric, et al. "Stitch Fix Algorithms Tour." Stitch Fix, algorithmstour. stitchfix. com/#data – platform. Accessed 20 Feb. 2018.

Foley, Patrick, and John McDonnell. "What the SATs Taught Us about Finding the Perfect Fit." Multithreaded | Stitch Fix Technology Blog, 13 Dec. 2017, multithreaded. stitchfix. com/blog/2017/12/13/latentsize/. Accessed May 2018.

Gaskin, Jennifer L. , et al. "An Introduction to Recommendation Engines." Dataconomy, 30 May 2016, dataconomy. com/2015/03/anintroduction – to – recommendation – engines/. Accessed May 2018.

Ivens, et al. "The Use of Machine Learning Algorithms in Recommender Systems: A Systematic Review." [Astro – Ph/0005112] A Determination of the Hubble Constant from Cepheid Distances and a Model of the Local Peculiar Velocity Field, 24 Feb. 2016, arxiv. org/abs/1511. 05263. Accessed May 2018.

Mankar, Ashwini N. , and Gogate Uttara Dhananjay. "A Review of Different Techniques for Recommender Systems. " IJSRD ‖ National Conference on Technological Advancement and Automatization in Engineering, Jan. 2016, www. ijsrd. com/articles/NCTAAP157. pdf. Accessed May 2018.

Moody, Chris. "Stop Using word2vec. " Multithreaded ∣ Stitch Fix Technology Blog, 18 Oct. 2017, multithreaded. stitchfix. com/ blog/2017/ 10/18/stop – using – word2vec/. Accessed May 2018.

Moody, Chris. "Word Tensors. " Multithreaded ∣ Stitch Fix Technology Blog, 25 Oct. 2017, multithreaded. stitchfix. com/blog/2017/10/25/word – tensors/. Accessed May 2018.

Naik, Deepa. "Understanding Recommendation Engines in AI. " Humans for AI, Medium, 3 June 2017, medium. com/@ humansforai/recommendation – engines – e431b6b6b446. Accessed Apr. 2018.

Schneider, Anna, and Alex Smolyanskaya. "Lumpers and Splitters: Tensions in Taxonomies. " Multithreaded ∣ Stitch Fix Technology Blog, 5 Apr. 2018, multithreaded. stitchfix. com/blog/2018/04/05/lumpersand – splitters/. Accessed May 2018.

机器人、影响

"Automation and Anxiety. " The Economist, 25 June 2016, www. economist. com/special – report/2016/06/25/automation – and – anxiety. Accessed Mar. 2018.

Dobbs, Richard, et al. "The Four Global Forces Breaking All the Trends. " McKinsey & Company, Apr. 2015, www. mckinsey. com/business-functions/strategy – and – corporate – finance/our – insights/the – fourglobal – forces – breaking – all – the – trends. Accessed July 2018.

Futch, Mike. "Rise of the Warehouse Robots. " Material Handling and Logistics (MHL News), 18 Oct. 2017, www. mhlnews. com/technologyauto-mation/rise – warehouse – robots. Accessed Aug. 2018.

Grier, William. "A Historical Timeline Perspective to the Crash of Ap-parel Retail. " LinkedIn, 7 Aug. 2018, www. linkedin. com/pulse/historical – timeline – perspective – crash – apparel – retail – williamgrier/? lipi = urn% 3Ali% 3Apage% 3Ad _ flagship3 _ feed% 3BkMi% 2BG318Tl6B pIBq3p1b CA% 3D% 3D. Accessed Aug. 2018.

Lohr, Steve. " 'The Beginning of a Wave'; A. I. Tiptoes into the Work-place. " The New York Times, 5 Aug. 2018, www. nytimes. com/2018/08/ 05/technology/workplace – ai. html. Accessed Aug. 2018.

Simon, Matt. "What Is a Robot?" Wired, 24 Aug. 2017, www. wired. com/story/what – is – a – robot/. Accessed July 2018.

Spinney, Laura. "Can Robots Make Art?" Nature, 27 Apr. 2018, www. nature. com/articles/d41586 – 018 – 04989 – 2. Accessed 2 Oct. 2018.

专用硬件

"New Specialized AI Chips May Revolutionize the $ 1. 6 – Plus Trillion Market Cap Semiconductor Industry. " 13D Research, 1 July 2018, latest. 13d. com/specialized – ai – chips – revolutionize – semiconductor – industry-tech – 6b825d292282. Accessed Aug. 2018.

Amodei, Dario, and Danny Hernandez. "AI and Compute. " OpenAI Blog, 16 May 2018, blog. openai. com/ai – and – compute/. Accessed June 2018.

Metz, Cade. "Big Bets on A. I. Open a New Frontier for Chip Start – Ups, Too. " The New York Times, 14 Jan. 2018, www. nytimes. com/2018/

01/14/technology/artificial – intelligence – chip – start – ups. html. Accessed June 2018.

Sato, Kaz, et al. "An in – Depth Look at Google's First Tensor Processing Unit (TPU)." Google Cloud Blog, 12 May 2017, cloud. google. com/ blog/products/gcp/an – in – depth – look – at – googles – first – tensorprocessing – unit – tpu. Accessed June 2018.

项目、公司

DataRobot (Enterprise AI), www. datarobot. com

Edited (Fashion Analytics), https：//edited. com/

Facebook, Prophet (Forecasting Model), https：//facebook. github. io/ prophet/

Floydhub (Cloud ML), www. floydhub. com

Google Cloud AutoML, https：//cloud. google. com/automl/

Google Dataset Search, https：//toolbox. google. com/datasetsearch

IBM Cognitive Fashion, https：//cognitivefashion. github. io/

MemoMi (Smart Mirrors), http：//memorymirror. com/

MLJAR (Cloud ML), https：//mljar. com/

Mode AI (Conversational Shopping), http：//mode. ai/

SoftWear Automation (Robotic Sewing), http：//softwearautomation. com/

TensorFlow (Open Source ML), www. tensorflow. org

Tesserai (Production – Quality AI), https：//tesserai. com

Trendage AI (Complete the Look), www. trendage. com

Trendalytics (Fashion Analytics), www. trendalytics. co